FANL

SHISHI ZHINAN ZHIDU JIANGOU YANJIU

反垄断法
实施指南制度建构研究

王 炳 著

知识产权出版社
全国百佳图书出版单位

图书在版编目（CIP）数据

反垄断法实施指南制度建构研究 / 王炳著 . —北京：知识产权出版社，2019.3
ISBN 978-7-5130-6131-5

Ⅰ . ①反…　Ⅱ . ①王…　Ⅲ . ①反垄断法—研究—中国　Ⅳ . ① D922.294.4

中国版本图书馆 CIP 数据核字（2019）第 038054 号

内容提要

本书是一部探讨反垄断法实施指南基础理论问题的专著。本书剖析了反垄断法实施指南的地位、效力、功能和本质，分析了反垄断法实施指南制度构建与经济发展方式转变的耦合性，梳理了典型国家或地区反垄断法实施指南制度的建构历程，探讨了反垄断法实施指南制度建构理论，包括框架体系、建构主体、建构周期、建构程序、建构技术、相关关系处理等，并提出了我国反垄断法实施指南制度建构的对策建议，包括基本原则、指南体系和建构方法等。本书可作为反垄断法理论研究者、反垄断法实施机关工作人员、反垄断法律师等从业人员以及法学等专业的研究生和本科生等的参考用书。

责任编辑：许　波　　**责任印制**：孙婷婷

反垄断法实施指南制度建构研究

王　炳　著

出版发行：知识产权出版社有限责任公司
网　　址：http://www.ipph.cn
http://www.laichushu.com
电　　话：010-82004826
邮　　编：100081
社　　址：北京市海淀区气象路 50 号院
责编电话：010-82000860 转 8380
责编邮箱：xubo@cnipr.com
发行电话：010-82000860 转 8101/8029
发行传真：010-82000893/82003279
印　　刷：北京虎彩文化传播有限公司
经　　销：各大网上书店、新华书店及相关专业书店
开　　本：710mm × 1000mm　1/16
印　　张：11
版　　次：2019 年 3 月第 1 版
印　　次：2019 年 3 月第 1 次印刷
字　　数：168 千字
定　　价：48.00 元

ISBN 978-7-5130-6131-5

CONTENTS

目　录

导　论

一、问题的提出

自20世纪60年代以来，为适应经济社会发展需要，主要发达国家或地区积极采用发布反垄断法实施指南（又称反垄断实施指南或反垄断执法指南或反垄断指南，Antitrust Guidelines，Guidance，Statements，Notice，Explanations，Clarification）的方式指导反垄断法的实施。21世纪以来，这一方式的运用凸显出明显加强的趋势。

我国2007年通过的《中华人民共和国反垄断法》（以下简称《反垄断法》）第9条明确赋予国务院反垄断委员会（以下简称“反垄断委员会”）“制定、发布反垄断指南”的权力，将反垄断法实施指南正式纳入我国反垄断法体系中。实践中，反垄断委员会也于2009年5月发布了《关于相关市场界定的指南》，我国诸多法院也将该指南作为裁判案件的依据。此外，国家发展和改革委员会（以下简称“国家发展改革委”）在其行使反价格垄断职权过程中曾制定了《行业协会价格行为指南》和《商业银行收费行为执法指南》。此外，中华人民共和国商务部（以下简称“商务部”）曾在《反垄断法》出台前于2007年3月制定了《外国投资者并购境内企业反垄断申报指南》。商务部反垄断局则于2009年发布了《关于经营者集中申报的指导意见》，2014年修订了前述文件并发布了《关于经营者集中简易案件申报的指导意见（试行）》。另外，2017年3月，反垄断委员会办公室也在国家发展改革委、商务部、原国家工商行政管理总局、国家知识产权局4家单位草案建议稿的基础上提出了《关于滥用知识产权的反垄断指南（征求意见稿）》，旨在统一解释知识产权领域的反垄断法实施问题。2018年9月，国家市场监督管理总局发布了《经营者集中反垄断审查办事指南》，对经营者集中申报文件和许可程序进行了解释。可见，反垄断法实施指南在我国反垄断法实施中日益受到重视。

然而，值得反思的是，反垄断法实施指南在一个国家法律体系中处于怎样的法律地位？反垄断法实施指南存在的正当性何在？反垄断法实施指南与经济发展方式转变存在怎样的逻辑关系？从经济发展方式转变的视角看，反垄断法实施指南制度体系应如何建构？对此，学界研究较少，尚未对前述问题进行回应。

因此，本书将以经济发展方式转变为视角，探讨我国反垄断法实施指南体系的构建问题，对反垄断法实施指南的性质、法律效力、功能、构建模式、构建技术等问题进行回答；分析经济发展方式转变与反垄断法实施指南制度体系构建的关系，探讨我国当前的相关制度构建问题，为有关部门制定规则提供参考。这对回应时代要求和促进经济社会发展具有巨大的现实意义。

二、研究现状及其评价

对于反垄断法实施指南，无论是国外学界还是国内学界，相关研究都不够深入。目前，相关研究情况梳理如下。

国外学者关注的内容主要有：一是企业合并的反垄断法实施指南问题。有研究以案例数据阐释了美国1968年、1982年、1992年的3部企业合并指南对反垄断法实施的积极影响，认为企业合并指南反映了整个社会对经济理解的变化（Greene，2006；Meese，Stafford，2017）。有分析指出，在经济环境发生变化时，企业合并指南应根据动态竞争理论进行修正（Sidak，Teece，2009）并不断走向成熟（Becker,2018）。二是知识产权领域的反垄断法实施指南问题。有研究指出，由于里根政府时期知识产权领域的反垄断法实施基本处于停滞状态，这将不利于推动科技创新，因而美国于1995年发布了有关知识产权许可的反垄断法实施指南。尽管反垄断法实施指南无法律效力，但其影响是巨大的（Hayslett III，1996）。有研究分析了反垄断法实施指南中的产品市场、技术市场和创新市场的界定问题（Aziz，1995）。但也有研究指出，反垄断法实施指南不应重点关注相关市场的界定，而应更多关注高新技术领域的市场进入障碍行为，如拒绝许可、交叉许可、打包许可、专利池行为等（Hamilton，2002）。不过，随着2017年美国有关知识产权许可的反垄断法实施指南的发布，世界各国都在寻求更好的知识产权许可反垄断法实施指南（Schneider，2017）。三是卫生保健业的反垄断法实施指南问题。有研究指出，20世纪90年代，为推行医疗机构改革，美国发布了多个相关反垄断法实施指南，旨在鼓励而不是损害卫生保健业合法的合作行为（Park，1997；Monroe et al.，1995），但也有研究对相关指南的功能提出质疑（Bradley，2013）。有的研究分析了内科医师服务业反垄断法实施指南的具体适用问题（Hirshfeld，1997）。四是跨国经营的反垄断法实施指南问题。有学者分析了美国关于跨国经营的反垄断法实施指南问题，指出1977年发布《跨国经营反垄断指导意见》是为了使美国的企业放心，反垄断法在国际市场上也同样适用于其他国家的企业，1988年的《跨国经营反垄断实施指南》则阐明了美国反垄断法域外适用的灵活政策，而1995年的《反垄断国际实施与合作指南》则表明了较为严厉的适用态度（Brockbank，1996）。也有学者指出，日本1991年有关实施禁止垄断法的指南并无实质的意义，其更多是对美国因贸易逆差对于日本禁止垄断法实施不满的政治回应（Thurston，1993），而2017年美国发布新的反垄断国际实施与合作指南则反映了反垄断法实施中的国家利益保护动机与礼让原则的运用方法问题（Lim，2017）。五是从软法的角度对反垄断法实施指南的法律效力问题进行了分析（Smyrnova，2013；Georgieva，2015）。

在我国，尽管有人提出经济发展方式转变的法治保障问题（孟宪棠，2012），有人从经济法、行政法、环境法角度进行分析（胡改蓉、陈乃新，2011；赵娟，2004；李爱年，2008），甚至也有人指出其中的反垄断法保障问题（邵慧峰，2011），但并无具体分析，更无以此为角度对反垄断法实施指南相关问题进行分析的研究。不过，有研究分析了反垄断法实施指南的功能与定位问题（郝俊淇、刘维俊，2015；郝俊淇、谭冰玉，2017）。在具体指南规则方面，有研究分析了我国相关市场界定指南的不足之处（郑鹏程、刘长云，2016）、宽大制度适用指南的问题（綦书纬，2016）以及罚款设定指南的问题（綦书纬，2016）；分析了我国企业横向合并指南的制定问题，指出应确立有效竞争的标准，界定相关市场和安全港指数，进而再进行竞争分析（吴汉洪等，2007）；分析了我国非横向合并的反垄断法实施指南问题（黄勇，2009）；探讨了纵向价格垄断协议执法指南的问题（徐新宇，2018）；探讨了我国制定知识产权领域反垄断法实施指南的必要性，提出应依据《反垄断法》的体例制定（王先林，2009；孟雁北，2011；郑鹏程、肖小梅，2013；张雨林，2018）；分析了汽车行业反垄断法实施指南的制定问题（卢延纯、苏华，2016）。此外，国内学者还对美国、欧盟、日本的反垄断法实施指南予以了较大关注（张波，2006；王继平、陈甬军，2007；王先林、潘志成，2008；汪先俊，2008；韩伟，2011；吴汉洪、周德发，2012；于连超，2012；仲春、邵小龙，2017；王红霞、臧骞，2017；韩亮、徐明妍，2018）。

总体而言，可对已有研究作以下评价：一是已有的研究注意到了一些反垄断法实施指南的出台与经济社会变化的关系，但未揭示反垄断法实施指南为何能回应经济社会发展变化的根本原因。二是已有研究探讨了一些具体反垄断法实施指南的制定和完善问题，但对反垄断法实施指南建构的基本理论缺乏研究，如建构框架、建构周期、建构主体、建构规范、建构程序、建构技术等，都缺乏系统的分析。三是已有研究的视域主要集中于美国的相关反垄断法实施指南，而其他国家或地区大量的相关反垄断法实施指南未进入已有研究的视野，对我国目前仅有的一部相关市场界定反垄断法实施指南也缺乏深入研究，对其他反垄断法实施指南问题的研究也刚起步。

三、研究意义与研究创新

本书以经济发展方式转变为视角，探讨反垄断法实施指南的基本理论，尤其是其存在的正当性，还包括其建构框架、建构主体、建构周期、建构规范、建构程序、建构技术等，在此基础上探讨中国反垄断法实施指南制度体系的建构问题。总体而言，具体意义如下：

第一，对我国经济发展方式转变的意义。本书将分析经济发展方式转变与反垄断法实施指南制度体系建构的关系，探讨中国当前的相关制度建构问题，以便为有关部门颁行制度提供参考，这对回应时代要求、促进经济社会发展具有巨大的现实意义。

第二，对反垄断法实施理论的意义。目前，我国学界对反垄断法实施指南问题的研究较少，尚无对其基本理论的研究。本书将探讨反垄断法实施指南的性质、地位、法律效力、功能、建构模式、建构技术等问题，这有助于建立反垄断法实施指南的理论体系，创新研究领域。

第三，对经济法理论的意义。经济法的政策性一直是学界讨论的热点之一，但根本问题并未解决。本书将对反垄断法实施指南与经济发展方式转变的耦合性问题进行分析，将对经济法的特性问题做出有力回应。

第四，对法理学的意义。法律渊源究竟有哪些形式？这一深邃法理仍值得探讨。本书将对反垄断法实施指南与反垄断法正式渊源的同一性问题进行探讨，这将引起我们重新思考法律是什么这一古老命题。

本书的创新主要有：一是将对反垄断法实施指南制度的建构理论进行宏观透视与微观分析，探讨其建构模式和建构技术问题，以期创新这一领域的研究。二是本研究探讨我国经济发展方式转变中的反垄断法实施指南制度的建构问题，这对解决我国现实问题具有较大的解释力。三是本研究论证反垄断法实施指南与经济发展方式转变的耦合性问题，这对回答经济法的政策性有一定的创新意义。

四、研究思路与研究方法

本书的基本思路是：反垄断法实施指南及其本质→反垄断法实施指南与经济发展方式转变的耦合性→国外经济发展方式转变中的反垄断法实施指南制度建构→经济发展方式转变中反垄断法实施指南制度的建构方式→经济发展方式转变中反垄断法实施指南制度的建构技术→我国经济发展方式转变与反垄断法实施指南制度的建构。

本书的研究方法主要有：

一是历史透视的方法。本书对典型国家或地区的反垄断法实施指南体系进行长时段的历史审视，以探求制度建构规律和经验，并对我国经济发展方式转变进行宏观分析，进而探讨相关制度建构。

二是系统分析的方法。本书采取系统分析的方法对反垄断法实施指南体系建构的整体性及动态性问题进行分析。

三是文本分析的方法。本书对国内外反垄断法实施指南的诸多文本进行分析，以探讨指南建构的技术问题。

四是案例分析的方法。本书对国内外反垄断法实施指南适用中的一些案例进行分析，以探讨指南的功能和本质。

此外，本书还运用了规范分析、比较分析等方法。

第一章 反垄断法实施指南及其本质

第一节 反垄断法实施指南的内涵与外延

一、反垄断法实施指南的内涵

反垄断法实施指南是关于反垄断法实施的解释说明性文件。在国外，反垄断法实施指南通常以指南或指导方针（Guidelines）、指导意见（Guidance）、声明（Statements）、通告（Notice）、危险信号（Red flags）、解释（Explanations or Explanatory Note）、澄清说明（Clarification）、最佳实践（Best Practices）、备忘录（Memorandum）等形式发出。反垄断法实施指南的内在规定性主要体现在以下方面：

第一，从目的看，制定发布反垄断法实施指南是为了解释反垄断法的具体适用方法。通常，一部反垄断法实施指南仅仅解释反垄断法实施中的一个问题，而不是概括解释反垄断法实施涉及的所有问题。从目前的实践看，大多数国家和地区分别就企业合并、垄断协议、知识产权、国际贸易、卫生保健行业等领域的反垄断法实施问题制定发布了指南，目的就是解释在各个领域的反垄断法具体实施方法。例如，美国 2017 年新修订的《知识产权许可反垄断指南》（*Antitrust Guidelines for the Licensing of Intellectual Property*）第一章中明确指出，该指南旨在阐明司法部和联邦贸易委员会在专利法、著作权法、经营秘密法、技术秘密法保护的知识产权许可领域的反垄断实施政策。美国 2010 年颁布的《横向合并指南》(*Horizontal Merger Guidelines*) 第一章中概括描述了企业横向合并的反垄断分析技术、实践和实施政策，其中涉及的法律规定包括《克莱顿法》第 7 条，《保护贸易和商业不受非法限制与垄断之害法》(以下简称《谢尔曼法》) 第 1 条和第 2 条，《联邦贸易委员会法》第 1 条、第 2 条和第 5 条，特别是《克莱顿法》第 7 条关于“在任何领域或任何活动中，凡是影响国家某一部分商业，并购的效果实质上减少竞争或趋向于导致垄断，都予以禁止”的规定。又如，欧盟 2004 年《横向合并审查指南》(*Guidelines on the Assessment of Horizontal Mergers*) 第 6 段中指出，该指南解释描述和详细解释欧盟委员会横向合并审查中不断发展的经验，其中的原则将予以适用，但也将通过个案予以发展和再提炼。可见，反垄断法实施指南的制定目的主要在于解释反垄断法的具体适用方法。

第二，从指向看，制定发布反垄断法实施指南主要是为了向市场主体提供明确指引，尤其是为潜在垄断行为人提供指引，具体包括企业等经营者、行政主体和行业协会等。当然，反垄断法实施指南也向消费者等潜在垄断受害人提供指引。更者，反垄断法实施指南对反垄断执法人员、司法机关、律师等也有一定的指引性作用。例如，前述美国《知识产权许可反垄断指南》明确指出，该指南旨在帮助那些希望预测其行为是否是反竞争行为和受指控行为的人，2010 年《横向合并指南》则通过增加反垄断执法决定背后的分析过程的透明度，以帮助市场经营领域的主体和反垄断实践人员，也在于帮助法院在横向合并领域解释和适用反垄断法并形成合理的框架。欧盟 2004 年《关于〈欧洲共同体条约〉第 81 条和第 82 条中“对贸易的影响”的指南》(*Guidelines on the Effect on Trade Concept Contained in Articles 81 and 82 of the Treaty*) 第 4 段指出：该指南阐释了共同体法院解释“对贸易的影响”概念的原则，并阐释了何时一般不可能被认为是影响成员国贸易的有关规则；该指南并不旨在穷尽所有事项，目的是解释相关适用方法以提供指引；尽管该指南对法院和成员国执法机关无法律拘束力，但也旨在为其提供指导。

又如，根据我国反垄断委员会《关于相关市场界定的指南》第 1 条，制定该指南是“为了给相关市场界定提供指导，提高国务院反垄断执法机构执法工作的透明度”。不过，该指南也是为反垄断执法机构如原三家执法机构国家发展改革委、原工商总局、商务部等提供指引。国家发展改革委《行业协会价格行为指南》引言部分也明确指出："本指南对行业协会从事的有助于行业发展、市场竞争和维护消费者合法权益的价格行为予以鼓励和倡导，对行业协会从事的可能违反《价格法》《反垄断法》《价格违法行为行政处罚规定》等法律法规的价格行为的风险予以提示，对行业协会评估其各类价格行为的合法性给予指引。本指南也可以帮助政府价格主管部门在对行业协会的价格行为进行监管过程中，正确地理解和运用价格、反垄断法律法规。"可见，该指南对市场主体、消费者、行政机关等都提供指引。国家发展改革委办公厅关于《商业银行收费行为执法指南》第4条也明确阐明，该指南是为了"规范价格行政执法工作，合理引导经营者行为"。可见，该指南旨在对经营者和执法人员提供指导。

第三，从内容看，反垄断法实施指南的内容同时涉及反垄断法实施中的实体问题和程序问题。也就是说，反垄断法实体问题和反垄断法程序问题都可能体现在反垄断法实施指南中。因此，反垄断法实施指南可能涉及反垄断法实施的原则、标准等重要的反垄断法实施问题。当然，反垄断法实施指南更多涉及较为具体的反垄断法适用问题。例如，美国2010年《竞争者合作反垄断指南》（*Antitrust Guidelines for Collaborations Among Competitors*）的内容就包括制定指南的目的和定义、分析框架概述、竞争者合作的特殊性、潜在积极竞争影响、潜在反竞争损害、竞争损害评估、本身违法协议、按照合理原则分析的协议、反垄断安全港等内容。美国2017年《反垄断国际实施与合作指南》（*Antitrust Guidelines for International Enforcement and Cooperation*）的内容则包括引言、相关反垄断法和有关法律、美国反垄断法对涉外商业的适用、对外国管辖权的考量、调查和国际合作等内容。欧盟2006年《关于〈欧盟第1/2003号条例〉第23条第2款（a）的罚款确定方法指南》（*Guidelines on the Method of Setting Fines Imposed pursuant to Article 23（2）（a）of Regulation 1/2003/EC*）的内容包括罚款的基本数额（销售额的计算和基本罚款数额的确定）、对基本数额的调整（加重情形、减轻情形、为威慑而作具体增加的情形、法定最大数额、宽恕通知和支付能力）、最终考量等。

第四，从制定看，反垄断法实施指南由有权机关制定发布。通常而言，反垄断法实施指南由反垄断执法机关制定发布，但也可能由法律授权的其他机关发布。在美国，美国司法部和联邦贸易委员会制定发布了一系列反垄断法实施指南，欧盟委员会也制定了一系列相关指南，都属于反垄断执法机关制定发布反垄断法实施指南的情形。在我国，《反垄断法》第9条明确授权国务院反垄断委员"制定、发布反垄断指南"职责，但国务院反垄断委员是"负责组织、协调、指导反垄断工作"的机构，属于国务院咨询议事机构，并不属于反垄断法执法机关。值得注意的是，国家发展改革委及其办公厅也曾制定发布《商业银行收费行为执法指南》和《行业协会价格行为指南》，商务部曾制定发布《外国投资者并购境内企业反垄断申报指南》，商务部反垄断局曾发布《关于经营者集中申报的指导意见》和《关于经营者集中简易案件申报的指导意见（试行）》。在地方上，原四川省工商行政管理局发布了《关于加强反垄断执法工作的指导意见》，中国（广东）自由贸易试验区深圳前海蛇口片区管理委员会也发布了《中国（广东）自由贸易试验区深圳前海蛇口片区反垄断工作指引》。这表明，尽管我国立法明确赋予国务院反垄断委员会制定发布反垄断法实施指南的职责，但反垄断执法机关也发布了有关反垄断法实施指南。

第五，从类型看，反垄断法实施指南属于法律解释性类文件。因此，反垄断法实施指南与立法解释、司法解释甚至学理解释存在一些共性，都属于法律解释性文件。但是，反垄断法实施指南不同于其他法律解释。例如，反垄断法实施指南主要以"指南""指导意见""声明"称谓，有些法律解释性文件则用"解释""意见"等表述。这表明，反垄断法实施指南与其他法律解释性文件存在一些差异。

二、反垄断法实施指南的外延

反垄断法实施指南的外延是指反垄断法实施指南所涵盖的范围。从形式意义上说，反垄断法实施指南的外延仅包括名称中含有"指南"的规范性文件；而从规范意义上说，反垄断法实施指南的外延包括一切具有解释性、说明性功能的反垄断法实施规范性文件，包括相关名称中含有"指南""指导意见""指导方针”“指引“声明”“意见”“通告”的反垄断法实施规范性文件。值得注意的是，在我国，依国务院《规章制定程序条例》第7条，规章的名称一般以“规定”或“办法”称之。因此，反垄断法实施指南不可使用“规定”和“办法”的名称。当然，反垄断法实施指南也不能使用“条例”“决定”“命令”等名称。❶本研究认为，反垄断法实施指南的外延应从实质意义角度进行分析，而不是从形式意义上分析。因此，反垄断法实施指南应采取规范意义的分析方法。具体而言，反垄断法实施指南可以分为以下几类：

1. 反垄断“指南”

在我国，“反垄断指南”是《反垄断法》中的法律术语，也是学界较多采用的术语。值得注意的是，何为“指南”？我国《反垄断法》并没有明确解释，也没有阐明其法律地位。而根据我国《立法法》，我国正式法律渊源是由宪法、法律、行政法规、地方性法规、自治条例、单行条例、部门规章、地方规章组的，其中并没有“指南”类规范性文件的位置。在国外，Guidelines也不属于正式法律体系的内容。

我们知道，“指南”的本义是“指向南方”，在名词化后含义转为辨别南北东西方向的指引依据，进而还可指行动指南、行为指南。从汉语的基本意义上说，指南是方向性指引，并不是具体指引。从这一角度看，反垄断法实施指南更多是宏观的市场行为指引。“指导方针”与“指南”并无太大区别，而“指导意见”与“指南”存在一些共同特点，但又存在一些差异。因此，西方话语体系中的Guidelines与中国话语体系的指南具有对应的关系。

美欧发达国家地区诸多反垄断法实施指南直接以Guidelines称谓，我国反垄断法话语体系也以“指南”称之。在国外，Antitrust Guidelines是反垄断法实施指南较为正式的表达。例如，美国司法部和联邦贸易委员会发布了一系

❶ 值得注意的是，欧盟也把“决定”归入到反垄断法实施指南中。例如，2011年《欧盟委员会主席关于一定竞争程序中审理官员引用条款和功能的决定》（*Decision 2011/695/EU of the President of the European Commission on the Function and Terms of Reference of the Hearing Officer in Certain Competition Proceedings*）也被归入到企业合并文件中的通告与指南中；但是另一份文件则将之归入了实施性立法（Implementing Legislation）中，这表明“决定”并不属于指南的范畴。

列反垄断法实施指南，包括《知识产权许可反垄断指南》(*Antitrust Guidelines for the Licensing of Intellectual Property*)(1995年发布、2017年修订)、《横向合并指南》(*Horizontal Merger Guidelines*)(分别有1968年、1982年、1984年、1992年、1997年、2010年六个版本)、《非横向合并指南》)(Non-Horizontal Merger Guidelines)(1984年发布)、《企业联营指南》(Joint Venture Guidelines)(2000年发布)、《竞争者合作反垄断指南》(*Antitrust Guidelines for Collaborations Among Competitors*)(2000年发布)、《反垄断国际实施与合作指南》(*Antitrust Guidelines for International Enforcement and Cooperation*)(1995年发布、2017年修订)等。

欧盟也发布了诸多反垄断法实施指南，包括2004年《关于〈欧洲共同体条约〉第81条第3款的适用指南》(*Guidelines on the Application of Article 81 (3) of the Treaty*)、2004年《横向合并审查指南》(*Guidelines on the Assessment of Horizontal Mergers*)、2004年《关于〈欧洲共同体条约〉第81条适用于技术转让协议的指南》(*Guidelines on the Application of Article 81 of the EC Treaty to Technology Transfer Agreement*)、2004年《关于〈欧洲共同体条约〉第81条和第82条中"对贸易的影响"的指南》(*Guidelines on the Effect on Trade Concept Contained in Articles 81 and 82 of the Treaty*)、2008年《根据〈理事会控制企业集中条例〉的审查非横向合并指南》(*Guidelines on the Assessment of Non-Horizontal Mergers under the Council Regulation on the Control of Concentrations Between Undertakings*)、2008年发布、2013年终止的《关于〈欧洲共同体条约〉第81条适用于海运服务的指南》(*Guidelines on the Application of Article 81 of the EC Treaty to Maritime Transport Services*)、2010年《关于在销售和维修机动车辆及机动车辆配件分配协议中纵向限制的补充指南》(*Supplementary Guidelines on Vertical Restraints in Agreements for the Sale and Repair of Motor Vehicles and for the Distribution of Spare Parts for Motor Vehicles*)、2011年《关于〈欧盟运行条约〉第101条适用于横向合作协议的指南》(*Guidelines on the Applicability of Article 101 of the Treaty on the Functioning of the European Union to Horizontal Cooperation Agreements*)和2011年《纵向

限制指南》(*Guidelines on Vertical Restraints*)、1998年发布并于2006年修订的《罚款确定方法指南》(*Guidelines on the Method of Setting Fines*)。

英国制定的有《市场调查分析指南》(2003年)、《关于合并和市场调查中信息披露的指南》(2003年)、《供水企业合并分析指南》(2004年)、《合并审查指南》(2010年)。英国竞争委员会还于2008年11月发布了《合并救济：竞争委员会指南》，对合并救济的选择、剥离、知识产权救济、行为性救济、受托人、第三人监督等机制进行了规定。

法国也于2004年制定了《电信业竞争指南》，并于2013年发布了《合并控制指南》且取代了2008年的《合并控制指南》。法国制定《合并控制指南》的目的是向企业提供关于企业合并控制的范围、竞争局审查合并的程序步骤、目的、标准和方法的指导性文件。

加拿大于1991年就制定了《合并实施指南》(*Merger Enforcement Guidelines*)，后于2011年进行了最新修订。此外，加拿大的反垄断法实施指南还有2009年《竞争者合作指南》(*Competitor Collaboration Guidelines*)、2012年《滥用支配地位条款实施指南》(*Enforcement Guidelines on the Abuse of Dominance Provisions*)、2012年《合并审查程序指南》(*Merger Review Process Guidelines*)、2014年《价格维持实施指南》(*The Enforcement Guidelines–Price Maintenance*)、2016年《知识产权实施指南》(*Intellectual Property Enforcement Guidelines*)、《合并前申报解释指南》(*Pre-Merger Notification Interpretation Guidelines*)(2011年、2014年、2015年、2017年)。

日本公正交易委员会于1994年6月发布了《在禁止垄断法框架下实施行政指导的指南》，对其他行政机关实施行政指导与禁止垄断法实施的协调问题进行了规定。此外，日本公正交易委员会于2011年制定发布了《企业结合审查程序政策》和《关于企业结合审查的禁止垄断法适用指南》。

澳大利亚竞争和消费者委员会于1999年8月发布了《〈贸易行为法〉第87B条：可执行的承诺适用指南》，对接受承诺制度的适用条件、承诺的接受及内容、承诺的遵守、违反承诺的救济以及企业合并中的承诺等问题作了详细规定。2008年，澳大利亚竞争和消费者委员会发布了《合并指南》。2014年4月，澳大利亚竞争和消费者委员会发布了新的接受承诺程序指南《〈竞争和消费者法〉第87B条：可执行的承诺适用指南》。自21世纪以来，澳大利亚已发布了十多部反垄断法实施指南，涉及企业合并、卡特尔、豁免政策、农业生产者、天然气管道运输等方面。

此外，我国《关于相关市场界定的指南》《商业银行收费行为执法指南》《行业协会价格行为指南》《外国投资者并购境内企业反垄断申报指南》都属于反垄断"指南"，国务院反垄断委员会《关于滥用知识产权的反垄断指南（征求意见稿）》也都采用反垄断"指南"的术语。此外，我国原反垄断执法机构发布的一些指南征求意见稿也都属于此类，如《反垄断案件经营者承诺指南（征求意见稿）》《横向垄断协议案件宽大制度适用指南（征求意见稿）》《关于认定经营者垄断行为违法所得和确定罚款的指南（征求意见稿）》《关于垄断协议豁免一般性条件和程序的指南（征求意见稿）》《关于汽车业的反垄断指南（征求意见稿》）等。可见，我国在知识产权滥用、垄断协议、行业规制等方面已进行了反垄断法实施指南制定尝试。

但是，实践中的反垄断法实施指南是否都是"方向性"的指引，事实并不如此。我们发现，反垄断法实施指南中有的是对立法目的的解释，有的是对反垄断法适用基本原则的解释，有的是反垄断法具体适用问题的分析，而诸多反垄断法实施指南的内容十分具体。例如，欧盟2006年《罚款确定方法指南》具体分析了反垄断法罚款的具体确定方法，细致到案件处理环节。

2. 反垄断"指导意见"

在西方话语体系中，antitrust guidance 可以理解为反垄断"指导意见"。例如，2005年9月，美国司法部和联邦贸易委员会联合发布了《柯特妮娜和丽塔飓风相关反垄断指导意见》（*Antitrust Guidance-Hurricanes Katrina and Rita*）。2017年9月，两反垄断执法机构又发布《哈维和厄玛飓风相关反垄断指导意见》（*Antitrust Guidance-Hurricanes Harvey and Irma*），阐明其将依据反垄断法律规制垄断行为，以防止在自然灾害中可能出现寡廉鲜耻的个人和组织损害那些需要帮助的人。2016年10月，美国司法部和联邦贸易委员会发布了《对人力资源行业人员的反垄断指导意见》(*Antitrust Guidance for Human Resource Professionals*),以警示人力资源行业人员等主体在做出雇佣和补偿决定时避免违反反垄断法律。2011 年,美国反垄断执法机构发布了《合并救济政策指导意见》(*Policy Guide to Merger Remedies*)。

欧盟于 2009 年发布了《关于〈欧共体条约〉适用于市场支配地位企业排他性行为时欧盟委员会拥有优先实施权的指导意见》[1]。2013 年,英国根据《企业和管理改革法》改革了竞争执法机构,撤销了竞争委员会和公平交易局,成立了竞争和市场管理局,该机构于 2014 年发布了《变更与终止合并、垄断、市场承诺和命令方法指导意见》。在我国,原商务部反垄断局《关于经营者集中申报的指导意见》和《关于经营者集中简易案件申报的指导意见(试行)》以及原四川省工商行政管理局《关于加强反垄断执法工作的指导意见》都属于此种类型。

反垄断法实施指南的含义与反垄断指导意见的含义较为接近。例如,美国司法部反垄断司曾把《横向合并指南》(1992 年发布、1997 年修订)、《横向合并指南》(1984 年发布)和《非横向合并指南》(1984 年发布)作为"重大指导文件"(Significant Guidance Documents)[2]。可见,对反垄断指导意见与反垄断法实施指南进行区分较为困难。

不过,本书认为,指导意见更多体现发布意见的主体的单方面意思,且体现有权机关强烈希望其他主体遵从该意见的意思。因此,相对于反垄断"指南"而言,反垄断指导意见的法律效力较高,尽管其仍未达到法律体系规范性文件的位阶。

3. 反垄断"声明"

反垄断"声明"更多是指对反垄断法实施中某一问题的澄清。之所以要对相关问题进行声明,主要是由于市场主体对某一问题存在不理解甚至理解混乱

---

[1] European Commission, Guidance on the Commission's Enforcement Priorities in Applying Article 82 of the EC Treaty to abusive Exclusionary Conduct by Dominant Undertakings (OJ C 45/7, 24.2.2009).

[2] Significant Guidance Documents of the Antitrust Division [EB/OL]. (2015-07-02) [2018-12-30]. https://www.justice.gov/atr/significant-guidance-documents.

的情况。截至目前，我国反垄断法实施领域尚未出现以“声明”为称谓的规范性文件。不过，美国的反垄断法实施指南中出现了声明类的规范性文件。例如，1996年美国两大联邦反垄断执法机构联合发布了《卫生保健业反垄断实施政策声明》(*Statements of Antitrust Enforcement Policy in Health Care*)。又如，联邦贸易委员会竞争局于2003年4月发布了《合并救济磋商声明》(*Statement on Negotiating Merger Remedies*)，明确了剥离措施的实施问题，并于2012年1月对其进行了修正。

2011年10月，美国两大联邦反垄断执法机构又发布了《关于责任医疗组织参与医疗共享储蓄计划的反垄断实施政策声明》(*Statement of Antitrust Enforcement Policy Regarding Accountable Care Organizations Participating in the Medicare Shared Savings Program*)。2013年1月，美国司法部和专利商标办公室联合发布了《关于自愿遵守公平、合理和无歧视原则承诺的标准必要专利救济措施政策声明》(*Policy Statement on Remedies for Standards-Essential Patents Subject to Voluntary FRAND Commitments*)。此外，美国两大联邦反垄断执法机构于2014年4月发布了《网络安全信息分享问题的反垄断政策声明》(*Antitrust Policy Statement on Sharing of Cybersecurity Information*)，阐明为了网络安全原因而分享信息一般不会产生反垄断法问题，只有例外的情况下才会存在反垄断法问题。2016年4月，美国司法部和联邦贸易委员会发布了《保护国防行业竞争的联合声明》(*Joint Statement on Preserving Competition in the Defense Industry*)，其阐明：反垄断法同样适用于国防行业；只要损害国防行业的创新、减少国防行业的竞争，都是对国家安全的损害；反垄断执法机构将按照反垄断法的分析方法并结合国防行业的特殊情况进行分析。从某种角度上说，澄清意味的反垄断声明在于为某些主体提供清晰的反垄断法问题理解。

4. 反垄断“通告”

在欧盟的反垄断法实施指南体系中，“通告”(Notice)是十分常见的类型。在法律体系中，Notice一般是指通过一定方式使他人知悉影响其权利、义务和（或）责任等事宜的公开告示。1996 年，欧盟委员会就发布了《欧盟委员会关于卡特尔案件罚款减免的通告》（*Commission Notice on Immunity from Fines and Reduction of Fines in Cartel Cases*），又称《宽恕通告》（*Leniency Notice*），后来又于 2002 年、2006 年进行了修订。此后，欧盟委员会发布了一系列反垄断"通告"，主要有：1997 年《欧盟委员会关于共同体竞争法中的相关市场界定的通告》（*Commission Notice on the Definition of the Relevant Market for the Purposes of Community Competition Law*）、1998 年《欧盟委员会关于竞争规则适用于邮政行业和评价一些国家邮政服务措施的通告》（*Notice from the Commission on the Application of the Competition Rules to the Postal Sector and on the Assessment of Certain State Measures Relating to Postal Services*）、2001 年发布后于 2008 年修订的《欧盟委员会关于〈理事会第 139/2004 条例〉和〈欧盟委员会第 802/2004 条例〉下可接受的救济通告》（*Commission Notice on Remedies Acceptable under Council Regulation*（*EC*）*No 139/2004 and under Commission Regulation*（*EC*）*No 802/2004*）、2001 年《欧盟委员会关于〈欧盟运行条约〉第 101 条第（1）款非明显限制竞争的不大重要的协议的通告》（*Commission Notice on Agreements of Minor Importance which do not Appreciably Restrict Competition under Article 101*（*1*）*of the Treaty on the Functioning of the European Union*）、2004 年《欧盟委员会关于欧盟委员会根据〈欧洲共同体条约〉第 81 条和第 82 条处理有关指控的通告》（*Commission Notice on the Handling of Complaints by the Commission under Articles 81 and 82 of the EC Treaty*）、2004 年《欧盟委员会关于〈欧洲共同体条约〉第 81 条和第 82 条个案中新问题非正式指导意见的通告》（*Commission Notice on Informal Guidance relating to Novel Questions concerning Articles 81 and 82 of the EC Treaty that Arise in Individual Cases*）、2004 年《欧盟委员会关于竞争执法机构系统合作的通告》（*Commission Notice on Cooperation within the Network of Competition Authorities*）、2004 年《欧盟委员会关于在〈欧洲共同体条约〉第 81 条和第 82 条适用中成员国法院和欧盟委员会合作通告》（*Commission Notice on Cooperation between National Courts and the Commission in the Application of Articles 81 and 82 EC*)、2005 年《获得案卷材料通告》(*Notice on Access to File*)、2005 年《欧盟委员会关于集中案件送交的通告》(*Commission Notice on Case Referral in Respect of Concentrations*)、2005 年《欧盟委员会关于集中直接相关和必要的限制的通告》(*Commission Notice on Restrictions Directly related and Necessary to Concentrations*)、2005 年《欧盟委员会关于获得有关〈欧洲共同体条约〉第 81 条和第 82 条、〈欧洲经济区〉第 53 条、第 54 条、第 57 条和〈理事会第 139/2004 条例〉案件的欧盟委员会材料的通告》(*Commission Notice on the Rules for Access to the Commission File in Case pursuant to Articles 81 and 82 of the EC Treaty, Articles 53, 54 and 57 of the EEA Agreement and Council Regulation (EC) No 139/2004*)、2008 年《和解通告》(*Settlement Notice*)、2008 年《关于根据〈理事会关于经营者集中控制的第 139/2004 欧盟委员会扩大管辖权的通告》(*Commission Consolidated Jurisdictional Notice under Council Regulation (EC) No 139/2004 on the Control of Concentrations Between Undertakings*)、2008 年《欧盟委员会关于根据〈理事会第 1/2003 号条例〉第 7 条和第 23 条的决定规则在卡特尔案件中采用和解程序的通告》(*Commission Notice on the Conduct of Settlement Procedures in view of the Adoption of Decisions pursuant to Article 7 and Article 23 of Council Regulation 1/2003/EC in cartel cases*)、2011 年《欧盟委员会关于〈欧盟运行条约〉第 101 条、第 102 条程序行为的最佳实践通告》(*Commission Notice on the Best Practices for the Conduct of Proceedings concerning Articles 101 and 102 TFEU*)、2013 年《关于根据〈理事会第 139/2004 号条例〉以简化程序处理一些集中案件的通告》(*Commission Notice on a Simplified Procedure for Treatment of Certain Concentrations under Council Regulation (EC) No 139/2004*) 等。

德国也曾于 2007 年发布了《不起诉非重要合作的通告》，替代了 1980 年的版本。该通告阐述了执法机构不提起指控的原则，即并不排除某一行为构成违法，也不排除某一行为不受到民事诉讼。

加拿大竞争局于 2006 年 9 月发布了《加拿大合并救济信息通告》，对合并救济措施的目标、救济的设计、救济的实现方法、受托人条款、保密程序、救济的遵守和强制执行、国际协调与合作等进行了规定。

值得注意的是，欧盟有时把反垄断“指南”和反垄断“通告”归并在一起。例如，欧盟曾把2004年《关于〈欧洲共同体条约〉第81条第3款的适用指南》和2004年《关于〈欧洲共同体条约〉第81条和第82条中“对贸易的影响”的指南》(*Guidelines on the Effect on Trade Concept Contained in Articles 81 and 82 of the Treaty*) 归到通告和指南中 (Notices and Guidelines) 中。

5. 其他反垄断法实施指南

在国外，反垄断法实施指南还以“危险信号”(Red Flags)、“解释”(Explanations or Explanatory Note)、“澄清说明”(Clarification)、“最佳实践”(Best Practices)、“备忘录”(Memorandum) 等形式出现。

例如，2016年10月，美国司法部和联邦贸易委员会联合发布了《雇佣行为反垄断危险信号》(*Antitrust Red Flags for Employment Practices*)，阐明具有竞争关系的雇主在雇佣或保有雇员时从事达成协议和信息交换的行为是违法的，并告知公司经理或人力资源行业人员九类行为可能存在反垄断关切。

而欧盟委员会则于1997年发布了《欧盟委员会关于对竞争规则适用于新交通基础设施项目的建议的澄清说明》(*Clarification of the Commission Recommendations on the Application of the Competition Rules to New Transport Infrastructure Projects*)，2007年发布了《关于基本权利宪章的解释》(*Explanations Relating to the Charter of Fundamental Rights*)、2013年发布了《关于〈合并条例〉剥离承诺和受托人授权书范本的最佳实践指南》(*Best Practice Guidelines: The Commission's Model Texts for Divestiture Commitments and the Trustee Mandate under the EC Merger Regulation*)。

以“最佳实践”形式出现的反垄断法实施指南还有欧盟2004年《竞争总局合并控制程序最佳实践》(*DG Competition Best Practices on the Conduct of Merger Control Proceedings*) 和2011年《关于〈欧盟运行条约〉第101条、第102条适用案件和合并案件提交经济证据和数据收集的最佳实践》(*Best Practices for the Submission of Economic Evidence and Data Collection in Cases*

Concerning the Application of Articles 101 and 102 TFEU and in Merger Cases)。不过，后者为欧盟委员会职员工作文件（Staff Working Paper）。

此外，备忘录也属于反垄断法实施指南的范畴。例如，美国司法部、联邦贸易委员会和农业部于1999年达成谅解备忘录（*Memorandum of Understanding with the Department of Agriculture*），以明确三方之间的执法合作事宜。

就我国而言，我国的反垄断法律规范体系是以《反垄断法》为中心构成的体系，宪法中的相关规定、相关行政法规、指南、规章、司法解释以及其他相关规范性文件都是其组成部分。从《反垄断法》第9条的规定来看，我国不仅明确承认“反垄断指南”，且仅授权反垄断委员会制定发布反垄断法实施指南，因此我国严格意义上的反垄断法实施指南仅指反垄断委员会制定发布的“反垄断指南”。但是，由于我国的反垄断执法机构在反垄断法律适用问题上也会制定较多的解释类文件，这些规范性文件都是反垄断基本法律适用的重要支撑，并在一定程度上带有鲜明的“反垄断法实施指南”色彩。

第二节　反垄断法实施指南的地位、效力及功能

一、反垄断法实施指南的地位

关于反垄断法实施指南的地位问题，学界的关注虽少，但不是没有争议。有研究认为，尽管反垄断法实施指南仅仅旨在对竞争主管机构的执法政策进行解释，但是经过多年的演化，指南业已成为竞争主管机构的法律制定形式，并逐渐成为法院所倚重和遵从的“非正式制定法”[1]。有研究认为，指南仅具有指导意义，对企业、欧洲法院、欧盟成员国执法机关和法院都没有约束力。但是，它们对欧盟委员会适用欧盟竞争法具有约束力，所以企业称之为“软

[1] WALLER S W. Prosecution by Regulation：The Changing Nature of Antirust Enforcement［J］. Oregon Law Review, 1998, 77（4）：1383-1450, at 1404, 1387-1394.

法”。[1] 有研究认为，反垄断法实施指南属于“后立法性指引”或“后立法性指引规范”（Post-legislative Guidance，Post-legislative Guidance Norms，or Post-legislative Norms），不同于其他形式的软法，其功能有四：一是增强或扩大其依托的硬法；二是标准化法律规范的行为；三是翻译法律，即当其与依托法的起草文本冲突时，将相关条款翻译为其他内容；四是解释法律，可填补成文法未明确之处。[2] 有研究认为，反垄断法实施指南应当是一种竞争政策工具，具体可以在竞争执法和竞争倡导的向度上予以分置：一是作为反垄断法的渊源，特指对反垄断法话语空间的构建；二是作为合规指引的工具，旨在促导企业竞争合规和政府行为竞争合规。[3] 但这些分析仍是十分模糊的解释，并未指明反垄断法实施指南究竟属于何种法律渊源。

其实，在国外，反垄断法实施指南的地位并不清晰。根据美国《联邦行政程序法》第 551 条和第 553 条，解释性规则（Interpretative Rule）即关于政策的一般声明（General Statements of Policy）并不属于行政机关的组织、程序和工作制度方面的正式规则，因为正式规则是普遍适用于专门事项的、对未来有拘束力的文件或其中一部分，且应以通告形式在《联邦登记》上公布。从以上规定看，反垄断法实施指南主要属于解释性规章，若具有拘束力，则属于规章的范畴，反之则不属于正式规章。但是，有研究认为，政策声明、手册、指导意见、备忘录和类似文件（Policy Statements and Manuals，Guidance Memoranda and the Like）有时并不属于解释性规则，明显地是为了“控制”而设计，属于第三类型。但是，执法机关不应以此形式限制公众。[4] 但无论如何，反垄断法实施指南属于法律规则（legal rules），[5] 而不是其他。

[1] STEUER R M.Counseling without Case Law［J］Antitrust Law Journal, 1995, 63（3）：823-852；刘旭．大部制改革背景下反垄断委员会职能完善与反垄断法实施机制改革：欧盟与德国经验之借鉴［J］．经济法论丛，2013（1）：58-105.

[2] VAUGHAN S.Differentiation and Dysfunction：An Exploration of Post-Legislative Guidance Practices in 14 EU Agencies［J］．Cambridge Yearbook of European Legal Studies, 2015, 17：1-26, at 2-3, 23.

[3] 郝俊淇，谭冰玉．竞争政策视域下反垄断指南的定位研究——兼及竞争主管机构的塑造［J］．经济体制改革，2017（5）：195-200.

[4] ANTHONY R A. Interpretive Rules, Policy Statements, Guidances, Manuals, and the Like—Should Federal Agencies Use Them to Bind the Public［J］．Duke Law Journal, 1992, 41（6）：1311-1384, at 1315-1326.

[5] BLUMENTHAL W.Thirty-One Merger Policy Questions Still Lingering After the 1992 Guidelines［J］．Antitrust Bulletin, 1993, 38（3）：593-642, at 597, 624.

在我国立法体系中，宪法、法律、行政法规、地方性法规、自治条例、单行条例、规章是正式法律渊源，“指南”形式的规范性文件并不属于正式法律渊源的组成部分。但是，我国《反垄断法》第9条明确将“反垄断指南”写入基本法律中，并授权国务院反垄断委员会制定发布反垄断法实施指南的权力。这就为反垄断法实施指南的法律地位提供了依据。根据我国《反垄断法》对国务院反垄断委员会“组织、协调、指导反垄断工作”职责的规定，反垄断法实施指南至少与指导反垄断工作、协调反垄断工作有关联。但问题是，反垄断法实施指南在地位上属于何种层次的规范性文件？很显然，反垄断法实施指南的地位低于宪法、基本法律和行政法规。但反垄断法实施指南与其他法律渊源的关系难以厘清，其中的难题是反垄断法实施指南与部门规章之间的关系问题。在我国，在反垄断委员会于2009年发布《关于相关市场界定的指南》后，原三大反垄断执法机构才陆续制定发布反垄断法实施规则。[1]例如，商务部依据该指南制定和修订了《经营者集中反垄断审查申报表》，并要求经营者据此填报，并在一些经营者集中审查决定中明确适用该指南；原工商总局在《关于禁止滥用知识产权排除、限制竞争行为的规定》中明确规定根据该指南界定相关市场，并在其授权处理的海南省东方市自来水公司垄断案（琼工商处字〔2015〕2号）、四川久远银海畅辉软件有限公司滥用市场支配地位案（川工商处字〔2017〕7001号）中具体适用；在国家发展改革委2016年公布的《关于汽车业的反垄断指南（草案）》中，反垄断委员会《关于相关市场界定的指南》也是界定相关市场的依据。这表明，反垄断委员会发布的《关于相关市场界定的指南》奠定了我国反垄断执法的坚实基础。这表明，在目前的实践中，反垄断委员会发布的指南的地位高于反垄断执法机构的规章。

本书认为，在当前的体制中，我国反垄断法实施指南的地位高于反垄断执法机构制定的规章的情形具有过渡的性质。原因如下：（1）从历史看，我国赋予反垄断委员会制定发布反垄断法实施指南权力的主要背景是原有的反垄断执法权配置存在“三驾马车”情况，国家发展改革委、原工商总局、商务部分

---

[1] 侯利阳.《反垄断法》不能承受之重——我国反垄断执法五周年回顾与展望［J］. 交大法学，2013（2）：49-67.

别行使反垄断执法权，执法权冲突现象严重。而由反垄断委员会制定发布反垄断法实施指南则可统一规则，协调执法冲突。但随着我国于 2018 年统一配置反垄断执法权后，原有的反垄断执法权冲突问题得到较大缓解。因此，今后反垄断委员会制定发布反垄断法实施指南的功能将在于协调反垄断执法机构与行业管理机构的权力冲突。（2）从未来看，在我国市场经济发展到一定阶段，竞争政策与产业政策的冲突得到充分消解，国务院反垄断委员会必将与国家市场监督管理总局合并，那时发布反垄断法实施指南和反垄断法部门规章的主体合二为一，反垄断法实施指南的地位不大可能高于反垄断法部门规章。（3）在未来阶段，反垄断法实施指南的地位一般应低于反垄断法部门规章，特殊情况下地位同于部门规章。我们知道，部门规章可能涉及权利授予、义务设定、责任分配等涉及市场主体切实重大关切的问题，因此需要严格按照宪法、立法法的规定制定。反垄断法实施指南主要旨在向市场主体提供反垄断法实施指导，并不直接设定义务和分配责任，对市场主体并无法律上的约束力。因此，我国反垄断委员会只是属于特殊时期的产物，由其制定发布反垄断指南更多为过渡性质。当然，这还有很长的路要走。（4）反垄断法实施指南的定位应为反垄断法行政解释。根据 1981 年全国人民代表大会常务委员会《关于加强法律解释工作的决议》第 3 条和第 4 条的规定，不属于审判和检察工作中的其他法律、法令如何具体应用的问题，由国务院及主管部门进行解释。虽然反垄断委员会不是反垄断执法机构，但却是《反垄断法》授权的反垄断法实施指南制定主体，自然享有规则制定权力。不过，反垄断委员会制定发布反垄断法实施指南的权力还无法与具有广泛管理权限的其他“主管部门”相比。由于反垄断委员会不可能属于立法机关和司法机关，自然其解释为行政解释。显然，这种分析定位尽管有可争辩之处，但却是过渡时期的较好处理方法。

二、反垄断法实施指南的效力

反垄断法实施指南是否具有法律效力问题，值得深思。本书认为，反垄断法实施指南的法律效力应从以下角度进行分析。

1. 对执法机构具有约束力

从目前看，国外反垄断法实施指南常明确指出，该类文件并不限制反垄断执法机关的自由裁量权。但是，尽管反垄断法实施指南并不属于正式的立法性文件，但属于向市场主体阐明反垄断法实施方法，市场主体根据反垄断法实施指南从事市场行为，因此反垄断执法机构不能违反反垄断法实施指南的规则对市场主体的行为开展反垄断执法。否则，这极其不符合正义规则。

有研究指出，尽管反垄断法实施指南不能被认为是法律规则，但其却形成了实践规则。如果没有与对等原则相一致的理由，欧盟委员会不能在个案中偏离它。[1]在 Coats Holdings 一案中，相对人的第五个诉讼请求是，欧盟委员会不正确地适用了《罚款确定方法指南》，但法院经过审理后认为，欧盟委员会未偏离该指南进行处罚。[2]这表明，欧盟委员会发布的指南对其具有法律约束力。

但是，可能的情况是，一些反垄断法实施指南本身并不作明确性的指引，经常采用“可能”等术语进行指引。在这种情况下，反垄断执法机构并不能受到该类规则的较多限制。但是，反垄断法实施指南的确定性越低，其指导价值越小。因此，反垄断法实施指南应尽量保持明确性、指引性。这样，反垄断执法机构受反垄断法实施指南的拘束程度就会增加。

2. 对市场主体没有约束力

由于反垄断法实施指南通常并不属于正式法律渊源的组成部分，仅仅对市场主体具有指导、指引、帮助作用，因此对其不应具有法律拘束力。但从另一角度看，制定发布反垄断法实施指南的行为并不属于立法行为，更多属于对反垄断法律规则的解释性说明。因此，反垄断法实施指南并不创设权利，也不设定义务，更不规定责任。即使反垄断法实施指南在解释反垄断法过程中也涉及反垄断法规定的权利、义务、责任问题，但并不能高于或低于法律规定进行解释，只能严格按照法律规定进行解释。例如，国家发展改革委办公厅印发的

[1] Case C-397/03 P Archer Daniels Midland and Archer Daniels Midland Ingredients v Commission ［2006］ECR I-4429, para.91.

[2] Case T-439/07 Coats Holdings Ltd, v European Commission, ECLI：EU：T：2012：320, paras. 177, 191.

《商业银行收费行为执法指南》第4条明确指出，“本指南不对现有法律法规体系进行扩展，不干涉经营者的自主定价权，不额外增加经营者的义务和负担，目的是规范价格行政执法工作，合理引导经营者行为”。因此，若反垄断法实施指南突破了法律规定，在反垄断法之外对市场主体产生约束力，则不符合法律规定。此时的反垄断法实施指南的性质发生了改变，属于立法性文件。此时，市场主体可以对此类文件提起合法性审查甚至合宪性审查。

3. 对司法机关无约束力

反垄断法实施指南通常属于反垄断执法机关对反垄断法实施问题做出的解释，其地位不大可能高于行政法规，因此不属于可约束司法机关的法律法规的范畴。在美欧的实践中，反垄断法实施指南都十分明确地阐明其对司法机关没有约束力。

但是，司法机关裁决垄断案件时可参考反垄断法实施指南。众所周知，根据我国有关法律，法院在司法案件中可以参考规章。当然，司法机关在司法案件中也参考宪法、法律、行政法规以外的规范性文件，甚至是习惯。从这一角度看，一切具有正当性的“信息”都可能成为司法判决的参考。

从反垄断法的复杂性看，往往反垄断法实施指南中十分清晰的分析也能为司法机关提供真正的参考。在我国生活实际中，反垄断法实施指南经常作为司法机关裁决案件的参考并予以引用。这表明，反垄断法实施指南在我国司法实践中具有实际的影响力。

三、反垄断法实施指南的功能

反垄断法实施指南的功能是指其在法律生活中所起到的作用。有研究指出，反垄断法实施指南应具有三个层面的功能：建构、保障、规范反垄断执法裁量标准和程序；增强公众合法预期、指引公众合规行为、促进公众认同；协调反垄断执法政策。[1]本书认为，该分析起到了积极的作用。不过，反垄断法实施指南的功能可以从以下方面进行分析。

[1] 郝俊淇，刘维俊．反垄断指南的功能探讨［J］．中国价格监管与反垄断，2015（9）：29-32.

1. 指导市场主体的市场行为

反垄断法实施指南的主要功能是指导经营者开展市场经营。反垄断法涉及市场支配地位经营者，也涉及中小经营者。从严格意义上说，一切经营者都可能是潜在垄断行为人。而由于反垄断法的复杂性，并不是所有经营者都对反垄断法律有准确的理解，甚至还会有经营者对反垄断法存在误解。反垄断法实施指南往往对反垄断法实施中的复杂问题进行解释、澄清、说明，可以有效回答经营者的反垄断法理解问题，可指导其按照反垄断法所规定的合法行为模式开展市场行为。也就是说，反垄断法实施指南在一定程度上属于反垄断法与市场主体交流的桥梁。我们知道，反垄断法实施指南往往采用更为生活化的语言对法律问题进行解释，而不是完全采用高度概括的法律专业性语言进行解释，这十分有利于经营者准确理解反垄断法，更好地遵守反垄断法。

例如，对于美国2010年《横向合并指南》，有研究指出，虽然合并指南没有法律效力，但体现了美国在新形势下的并购规制政策，使得市场主体对并购行为引起的反垄断法问题具有可预见性。[1]美国司法部和联邦贸易委员会于2016年发布的《对人力资源行业人员的反垄断指导意见》也明确指出，该文件主要是为了告诫从事人力资源工作的专业人士要避免违反反垄断法。有研究评价指出，该指南对企业招聘等人力资源行为引起的反垄断法问题提供了指引，中国企业在国际经济交往中也应注意该规定。[2]

反垄断法实施指南对潜在垄断受害人也有指导作用。在反垄断法层面，一切自然人和组织都可能是垄断受害人。因此，在市场交易中，几乎每一个主体都需要准确理解反垄断法，以判断经营者是否实施了垄断行为，自己是否是垄断受害人，自己是否需要提起救济。可见，几乎一切主体对反垄断法律的理解具有需求。反垄断法实施指南可以指导、帮助垄断受害人准确理解反垄断法，积极而有效地开展合法权益维护行动。

---

[1] HAUSMAN J.2010 Merger Guidelines：Empirical Analysis［J/OL］. theantitrustsource（October 2010）［2018-12-30］. https://www.americanbar.org/content/dam/aba/publishing/antitrust_source/Oct10_Hausman10_21f.pdf.

[2] 仲春，邵小龙．美国司法部与联邦贸易委员会之《针对人力资源专业人士的反垄断指南》介评［J］. 竞争政策研究，2017（3）：56-69.

可见，无论是潜在垄断行为人还是垄断受害人，反垄断法实施指南都可节约其理解反垄断法的成本，指导其开展市场行为，提高市场经济运行效率，也节约单独违法成本和维权成本，因此可大大节约社会成本。

2. 规范政府部门的行政行为

行政性垄断是各国或地区经济社会生活中的一种特殊垄断行为，在我国尤为突出。反垄断法实施指南中无论是具体涉及行政性垄断的指南还是纯粹经济垄断的指南，都对政府部门具有积极的价值。反垄断法实施指南可以指导政府部门在行政规制过程中积极促进市场主体遵守市场经济法律尤其是反垄断法，产业管制机关可以合理处理反垄断法与行业法律之间的关系，和谐处理竞争政策与产业政策，以更好地促进经济社会发展。例如，根据国家发展改革委《行业协会价格行为指南》序言，该指南的功能主要有三个方面：一是对行业协会的部分价格行为予以鼓励和倡导，二是对行业协会的部分价格行为予以风险提示，三是对政府价格主管部门的价格执法活动提供指导。当然，反垄断法实施指南还可指导一些政府部门避免做出违法的行政性垄断行为，以促进其积极按照反垄断法行使行政权力。值得注意的是，若反垄断法实施指南要实现上述效果，通常需要反垄断法实施指南制定机关与行业管制机关建立协调机制，甚至在必要时可联合发布反垄断法实施指南，以增强反垄断法实施指南的功能。

3. 规范反垄断执法机关的行为

反垄断法实施指南也具有规范反垄断执法机关行为的功能。在我国，《反垄断法》授权反垄断委员会制定发布反垄断法实施指南。这样，我国反垄断执法机关需遵守反垄断法实施指南开展反垄断法实施行为。在过去，国家发展改革委、原工商总局和商务部都按照反垄断委员会制定的指南开展部门规章制定和实际执法工作。今后，国家市场监督管理总局也要按照反垄断委员会制定的反垄断法实施指南开展反垄断执法。当然，我国经济总量大，市场主体多，潜在垄断行为人多，垄断案件数量大，反垄断执法人员也较多。这样，反垄断法实施指南对反垄断执法工作人员具有积极的指导作用，可以帮助执法人员对反垄断法的准确理解，以便于其依法处理垄断案件，并避免不当违法行为。

4. 指导司法机关开展司法审判

反垄断法实施指南还可以指导司法机关开展司法审判。虽然司法权属于最后的裁决权，但并不是说司法机关不存在深入的反垄断法律专业知识需求。在现代社会，一些行政执法机关在行政执法中形成了较为先进的执法经验，这些经验通常都体现在反垄断法实施指南中。欧盟的诸多反垄断法实施指南常明确指出，指南是根据最近的实践经验制定的，并将根据不断发展的实践完善，其中也常引用司法机关的经典判决进行解释说明。因此，比较成熟的反垄断法实施指南的内容不仅包括反垄断行政执法经验，也含有司法裁判经验，常常具有丰富的实践基础，正当性不言而喻。当然，反垄断法实施指南也有革新司法机关观念的功能。例如，就美国 2010 年《横向合并指南》再次修订的原因而言，有分析指出，美国法院在过去逐步接受了旧指南的分析方法，这已成为行政执法机关进行诉讼救济的严重束缚。[1]所以，发布反垄断法实施指南的功能也在于引导司法机关革新观念和方法。总之，反垄断法实施指南对司法机关开展司法审判具有一定的积极意义。

5. 指导其他反垄断法相关主体的行为

除经营者等潜在垄断行为人、消费者等潜在垄断受害人、政府部门、反垄断行政执法机关、司法机关外，反垄断专业律师、企业法律顾问、政府法律问题等都可以从反垄断法实施指南中受益。原因在于，这些专业人士可以通过反垄断法实施指南获得对反垄断法的精准理解，进而可以有效处理相关案件，有效促进企业和政府依法开展市场行为和行政行为，促进经济社会良性发展。

[1] 韩伟．美国《横向合并指南》的最新修订及启示［J］．现代法学，2011（3）：151-164.

第三节　反垄断法实施指南的本质

一、形式理性：非正式法律渊源

从形式理性看，反垄断法实施指南是反垄断法实施机关发布的有关如何进行反垄断执法的解释说明，为自由裁量权行使说明文件，一般不具有法律、行政法规、部门规章等正式法律渊源的地位和效力，不能约束经营者、司法机关甚至执法机关。有学者在分析美国的反垄断法实施指南时就指出：反垄断法实施指南没有法律约束力，因为如果司法部和联邦贸易委员会制定的规则具有制定法的效力，就必须根据国会授权依《行政程序法》规定的程序制定。而这些执法机构在发布指南前没有依法采取公告和评论程序，因此从行政法的角度看，指南仅仅是执法机构的政策声明（Policy Statement），而政策声明对法院、社会公众和执法机构都没有约束力。法院在裁决反垄断案件中对指南可以不予采用，私人原告在决定是否起诉时可以拒绝指南的效力，而司法部和联邦贸易委员会在启动反垄断诉讼程序时可以对其发布的指南采取忽略不计的态度。[1]

之所以认为反垄断法实施指南属于非正式法律渊源，还可以从以下方面进行分析：（1）从地位看，反垄断法实施指南并不属于正式法律渊源的组成部分。在我国，《中华人民共和国宪法》《中华人民共和国立法法》（以下简称《立法法》）等确定的正式法律渊源为宪法、法律、行政法规、地方性法规、部门规章、地方政府规章，其中并不包含“指南”类规范性文件。（2）从目的看，反垄断法实施指南主要旨在指导、指引、帮助市场主体准确理解反垄断法，使其进而采取合法的市场行为。因此，反垄断法实施指南的目的并不在于规范市场主体的行为，即并不在于授予权利、附加义务、规定责任。（3）从内容看，反垄断法实施指南的内容通常以交流性语言阐述反垄断法实施中的某一问题，在

[1] BRANNON L, BRADISH K.The Revised Horizontal Merger Guidelines：Can the Courts Be Persuaded?［J/OL］. theantitrustsource（October 2010）［2018-12-30］. https://www.americanbar.org/content/dam/aba/publishing/antitrust_source/Oct10_Brannon10_21f.authcheckdam.pdf.

于解释清楚反垄断法实施中的某一问题，因而不是法律规范的内容。（4）从形式看，反垄断法实施指南的结构一般并非按照条目进行规定，而是或分段式解释说明，或分章式阐明澄清，或以清单进行解释，可谓形式不拘一格。这也表明，反垄断法实施指南并不属于正式法律渊源。

此外，根据《中华人民共和国国务院组织法》（以下简称《国务院组织法》）第10条，根据法律和国务院的决定，主管部、委员会可以在本部门的权限内发布命令、指示和规章。反垄断委员会不是真正意义上的主管部委，其自然不可发布命令、规章，故指南不属于规章命令等法律渊源。

二、实践理性：正式法律渊源

但从实践理性看，反垄断法实施指南阐明了执法机关的执法原则、执法倾向及推理方法，是执法机关实施反垄断法的实践规则，也是司法机关适用反垄断法时常援引的规则来源。因此，反垄断法实施指南又具有正式法律渊源的属性，是实践运行中的反垄断“活法”。因此，反垄断法实施指南在反垄断法实施中具有实际的效力。

我们知道，反垄断法具有高度抽象性、原则性和不确定性，这使得反垄断法实施程序十分重要。反垄断法实施过程若不公布于众，仅存在于反垄断执法机关的无形实践中，不仅使反垄断法具有难以捉摸的特点，更难以指导市场主体开展市场活动。因此，反垄断法实施指南实际上就是将反垄断执法机关的内部运作规则公布于众，将执法人员的执法思维模式、执法推理、执法分析过程完全展示给市场主体与社会。这种向市场主体和社会展示反垄断法实施过程的方式体现了反垄断执法机关对过去实践经验的总结，反垄断执法机关不大可能在未来的反垄断执法中偏离它。况且，反垄断法实施指南公布后对反垄断执法机关也具有约束力，其不能偏离指南开展反垄断执法。因此，反垄断法实施指南具有明显的实践规则性质，属于更为具体的反垄断法律渊源。

当然，反垄断法实施指南不仅是反垄断执法机关的实践规则，也可能是司法机关进行司法裁判中运用的规则。例如，有研究指出，美国于1968年、

1982年和1992年分别发布的《横向合并指南》在限制执法人员的自由裁量权方面就具有实际的效果，因为该指南实际上建立了执法机构的内部程序规则。此外，法院通常把上述合并指南视为反垄断法学的非正式渊源。[1]

在我国，反垄断委员会制定的指南不仅是反垄断执法机关制定反垄断规章的依据，还是其开展反垄断执法的依据，更是诸多法院进行司法裁判的依据。例如，在奇虎公司与腾讯公司的纠纷上诉案中，最高人民法院就明确根据国务院反垄断委员会《关于相关市场界定的指南》的规定，分析该案中的相关市场问题。[2] 在最高人民法院公布的2012年知识产权保护创新性典型案例中，无论是北京锐邦涌和科贸有限公司与强生（上海）医疗器材有限公司等纵向垄断协议纠纷上诉案[3]，还是刘某诉湖南华源实业有限公司等垄断纠纷案，[4] 法院都直接根据上述指南处理案件。据统计，我国已有120个司法裁判案件触及国务院反垄断委员会《关于相关市场界定的指南》的适用分析。[5] 因此，我国反垄断法实施指南的实践法律渊源本质也十分清晰。

---

[1] HAYSLETT T L III.1995 Antitrust Guidelines for the Licensing of Intellectual Property：Harmonizing the Commercial Use of Legal Monopolies with the Prohibitions of Antitrust Law [J]. Journal of Intellectual Property Law, 1996, 3 (2)：375-406, at 392-394.

[2] 最高人民法院（2013）民三终字第4号民事判决书。

[3] 上海市高级人民法院（2012）沪高民三（知）终字第63号民事判决书。

[4] 湖南省高级人民法院（2012）湘高法民三终字第22号民事判决书。

[5] 著者以案由“垄断纠纷”、全文字段“关于相关市场界定的指南”在北大法宝“案例和裁判文书”数据库 http://www.pkulaw.cn/case/adv 中检索到121个案件，检索日期：2018年7月23日。

第二章　反垄断法实施指南与经济发展方式转变的耦合性

第一节　反垄断法实施指南产生的必然性

一、反垄断基本法律的模糊性

传统法律部门具有定义严谨、逻辑严密等特点。相较于传统法律部门而言，反垄断基本法律体现出一定的模糊性。主要表现有：

一是法律术语的模糊性。在反垄断基本法律中，一些法律术语的内涵和外延并没有进行严格的界定，例如，垄断、竞争、寡头、并购等法律术语。这些概念或是带有较为浓厚的经济学色彩，或是直接引用自日常生活的普通术语。因此，反垄断基本法律中的法律术语尚未完全实现与日常语义或其他学科的高度分离[1]，使得反垄断法具有较大的模糊性。

二是立法价值的模糊性。反垄断基本法律所体现的价值取向是多元的，表现在公平、效率、自由、安全、秩序等方面。例如我国《反垄断法》第1条就规定了保护公平竞争、提高经济效益、维护消费者利益、维护社会公共利益、促进经济健康发展等目的，其中含有自由、公平、效率等立法价值。但我们知道，这些价值之间存在冲突，在一定场合并不总是一致的。在反垄断法适用过程中，法律天平应该向哪一种法律价值倾斜，反垄断法没有明确的答案。

三是行为界定的模糊性。对某种垄断行为进行界定，是准确认定市场主体的行为是否合法的关键。为此，诸多国家和地区的反垄断立法都有做出了针对市场主体行为界定的努力。但是，行为界定总会存在模糊性。例如，美国《谢

---

[1] 李剑，廖红伟．论反垄断法规则模糊性的原因［J］．当代法学，2010（5）：118-124.

尔曼法》第 1 条规定："任何限制州际间或与外国之间的贸易或商业的契约，以托拉斯形式或其他形式的联合，或共谋，都是非法的……"。但是，对于何为"托拉斯""联合""共谋"以及"限制"，该法都没有明确规定。若采用列举式的界定方法，虽可列举一些具体的垄断行为，如垄断协议、掠夺性定价等，但往往没有给出衡量垄断的一般标准。这样，垄断行为应该在何种程度上被禁止，更多地需要依靠执法者的自由裁量。

从反垄断基本法律的起源、发展和完善的历史脉络看，其模糊性的特点固然存在着客观现实原因，但法律术语、立法价值和行为界定上的模糊性，使得反垄断基本法律对客观世界的描述往往是不精确、过于简化和不全面的，也使得法律条文与规制对象之间存在着非对应性。

从实践看，反垄断法是技术性较强的法律，具体适用分析极为复杂，规范性的法律渊源不可能对复杂的反垄断法实施推理问题进行规定。因此，反垄断法实施指南的制定就有了必然性。有分析指出，由于反垄断法总体上规定得比较概括和具有原则性，特别是对于实体性的规定往往不具体，这不仅会给执法带来一定的困难，而且也会使企业感到无所适从。例如，《反垄断法》不可能将有关并购规制的详细技术性指标和评价体系列入其中，[1] 而在具体的司法实践中，评价标准和分析手段的选择又是决定政策目标能否实现的关键。因此，制定一部合并指南就是必然的。[2] 也正是由于这一原因，在美国、欧盟和日本等国家和地区，一方面依靠执法机构和法院在具体的执法案件中通过法律适用来明确和统一执法的尺度，另一方面执法机构也在总结实践经验的基础上，针对不同领域的情况，制定许多具有法律性质的规章或具有指导性文件性质的指南，为执法机构的执法和经营者的市场竞争行为提供指引。[3]

[1] 例如，美国 1992 年《横向合并指南》就明确了失败公司最低收购价值的认定方法问题，而以前的成文法和判例法都没有阐明这一问题。BLUMENTHAL W.Thirty-One Merger Policy Questions Still Lingering After the 1992 Guidelines [J]. Antitrust Bulletin, 1993, 38 (3): 593-642, at 637-638.

[2] 汪先俊 . 美国《横向并购指南》的分析与借鉴 [J]. 兰州学刊，2008 (6): 47-48, 61.

[3] 王先林 . 制定知识产权领域反垄断执法指南的几个问题 [J]. 工商行政管理，2009 (17): 34-36.

在我国，粗线条立法是我国《反垄断法》的特点之一[1]，这是初创反垄断法的无奈的现实选择。因此，我国《反垄断法》中的诸多规定十分简略，仍需要细化。例如，相关市场的认定问题、滥用市场支配地位认定中的正当理由问题、垄断价格的基准问题、垄断协议的效率抗辩问题、协同行为的认定问题、知识产权许可中的滥用认定问题、经营者集中救济中的剥离救济和行为性救济措施的运用问题，反垄断法中并无具体规定，都需要以反垄断法实施指南加以明确。

二、反垄断法实施方式的多元性

1.反垄断法实施的内涵探求

与反垄断法实施相关的概念还有反垄断法的适用、反垄断法的执行、反垄断执法等，学界也都有使用，但界定比较宽泛。有的观点认为，反垄断法实施是执法和司法密切结合的体制。[2]有的观点认为，"反垄断法的实施既包括反垄断法专门机构的实施，也包括国家司法机关的实施，还包括社会组织和个人等所谓的'私主体'实施反垄断法的活动"[3]。还有观点有的认为反垄断法的适用或反垄断法的执行既包括反垄断专门执法机关的调查、审决与制裁，也包括法院的民事制裁与刑事制裁[4]。比较看来，本书中的反垄断法实施属于狭义的界定，未将反垄断法的司法适用包含进来，未采较为广义的概念[5]，也未将这一概念的内涵扩展至反垄断法的一般遵守方面。概言之，广义的反垄断法实施是指一切主体实施反垄断法的活动，中义的反垄断法实施仅仅指反垄断法的公共实施，狭义的反垄断法实施则是指反垄断行政执法机关实施反垄断法的活动，简

[1] 时建中．我国《反垄断法》的特色制度、亮点制度及重大不足［J］．法学家，2008（1）：14-19.

[2] 刘宁元．中外反垄断法实施体制研究［M］．北京：北京大学出版社，2005：8.

[3] 李国海．反垄断法实施机制研究［M］．北京：中国方正出版社，2006：3.

[4] 曹士兵．反垄断法研究［M］．北京：法律出版社，1996：68-71.

[5] 学界有广义和狭义的反垄断执法的划分，参见，吕明瑜．竞争法［M］．北京：法律出版社，2004：210.

称反垄断执法。本研究论及的“反垄断法实施指南”中的“反垄断法实施”就是指反垄断执法。因此，以下按照这一思路进行分析。

一般而言，“反”有两种含义：既可以表示与某一状态相对立的状态，如表示“反面”“反向”“相反”等；也可以表示与某一活动对立、矛盾的活动，根据感情色彩的不同，可以分别称为“反对”“反抗”等。相对而言，“反”一词用于表示一种活动的场合较多。[1]

关于“垄断”一词，含义较为复杂。在西方，“垄断”一词源于希腊语中的“Mono”，即“单一”的意思。在中国古代，“垄断”被写作“陇断”，意指土岗子，泛指山，如《列子·汤问》有云：“自此冀之南，汉之阴，无陇断也”。显然，“垄断”一词的含义在今天已发生了巨大变化，且广泛用于各个领域，如思想垄断、政治垄断、经济垄断、文化垄断等。在法律层面上，垄断主要是指市场经济领域中的垄断，即主要指经济垄断，当然也包括与之有关的行政性垄断。本书认为，法律层面的垄断是指特定主体在经济活动中排除、限制竞争的状态、行为或图谋行为。这一界定有以下内涵：（1）反垄断法中的垄断限于经济活动中，这样就将非经济活动领域如政治、文化、思想领域的垄断排除在外；（2）反垄断法中的垄断的主体范围较广，只要是排除、限制竞争的主体，都属于这一范围；（3）反垄断法中的垄断既包括垄断状态，也包括垄断行为，还包括为达到垄断状态的图谋行为。

关于实施，在本书中是指执法。严格来说，自从法律诞生的那一刻起，执法就开始了。从广义看，执法包括一切主体贯彻实施法律的活动，既包括一般主体对法律的遵守，也包括行政机关、司法机关贯彻实施法律的活动；从中义看，执法是指行政机关、司法机关贯彻实施法律的活动；而从狭义看，执法仅指行政机关贯彻实施法律的活动。这样，狭义的执法就是与立法、司法相并列的概念。本研究中的实施也是在这一层面上使用的。

综合来看，“反垄断”一词中的“反”应表示与垄断相对立、矛盾的活动，

[1] 当然，“反”还有其他非常用含义，如还可以表示“翻转”“类推”义，如“反守为攻”“举一反三”；在我国古代，“反”还与“返”甚至“贩”相通用，如《孟子·公孙丑下》有云“孟子自齐葬于鲁，反於齐，止於嬴”，《荀子·儒效》有云“积反货而为商贾”。

但其具体内涵为何？需结合垄断的内涵分析。如果垄断的行为已经发生或垄断状态已经存在，对其“反”只能采取“惩治”的方式（惩治包括惩罚性救济和补偿性救济两种情况，即有时采取对涉案行为人予以惩罚的方式，有时采取要求涉案行为人补救的方式）；如果垄断的行为尚在进行状态，对其“反”只能采取“制止”的方式；如果垄断的行为或状态还未出现但有可能出现时，对其“反”只能采取“预防”的方式。可见，“反垄断”一词中的“反”的准确含义为“惩治”“制止”和“预防”。不过，法律并不是反对一切垄断，只有法律明确禁止的垄断才属于反对的对象。也就是说，有些垄断是允许或予以支持的。当然，随着社会的发展，法律允许、保护、支持的垄断将越来越少。因而，准确言之，法律视野下的“反垄断”是指惩治、制止和预防特定主体在经济活动中非法的排除、限制竞争的状态、行为或图谋行为。以此推之，反垄断法实施主要是指反垄断行政执法机关的相关活动。故此，反垄断法实施也可称为反垄断行政执法[1]，或反垄断法的行政执行。

2. 反垄断法实施方式的多元性：惩治、制止和预防

如前所述，反垄断法实施方式包括惩治、制止和预防三种方式。惩治主要针对已经发生的垄断行为，制止则针对正在实施垄断且尚未停止违法的行为，预防是通过多种途径避免潜在垄断行为人实施垄断行为。在三种方式中，惩治属于事后规制方式，制止属于事中规制方式，预防则属于事前规制方式。按照传统法律思维，反垄断法实施主要是指其中的事后实施和事中实施，主要采取惩罚、责令停止违法的手段实施。但是，这两种方式并不能有效阻断垄断行为的产生。尽管反垄断法实施中的事后惩罚与事中禁令也有间接的预防垄断发生的功能，但这是通过惩罚而震慑进行的，并不是通过引导、说服、教育的方式预防。也就是说，反垄断法实施除继续采取惩罚等手段外，还应重视新型手段。

3. 不同视角下的反垄断法实施指南制度需求

从反垄断法实施的对象看，有的是已经出现的非法垄断行为或状态，这样

[1] 王晓晔．竞争法学［M］．北京：社会科学文献出版社，2007：398.

就产生了对其惩治的制度需求，也可称为事后实施之制度需求；有的是正在实施中的垄断行为，于是就产生了对其制止的制度需求，也可称为事中实施之制度需求；有的是未发生但有可能造成非法垄断的行为或状态，于是就产生了对其预防的制度需求，也可称为事前实施之制度需求。

反垄断法实施指南具有能够提供上述制度供给的功能。反垄断法实施指南不仅分析何种行为明显属于违法行为，还分析哪些行为属于可能的违法行为，更分析哪些行为不属于违法行为。更为重要的是，反垄断法实施指南还解释如何判断一种行为是否构成反垄断法上的违法行为，即分析执法机关认定垄断行为的过程。显然，这种方式更多的价值是向潜在垄断行为人传达反垄断法知识，使其深入理解反垄断法的规则，准确把握反垄断法实施过程。这种方式能够使得潜在垄断行为人有效避免做出垄断行为，可较好地实现反垄断法实施中的预防功能。

例如，我国《关于认定经营者垄断行为违法所得和确定罚款的指南（征求意见稿）》在阐明行政罚款的威慑功能的同时，强调了处罚与教育相结合的原则。有研究指出，这对于长期以来竞争文化相对薄弱的中国具有重要意义，有利于促进“反垄断执法为主”向“竞争推进为主”转变。[1]

可见，反垄断法实施指南既能实现预防垄断行为发生的功能，又能在垄断行为发生后适用之，制止或惩罚垄断行为，从不同层面满足反垄断法实施需求。

三、反垄断法实施程序的正义性

反垄断法实施程序的正义性是指反垄断法实施程序在不同维度实现了正义的要求。无论是从何种主体角度看，反垄断法实施程序都应是正义的。从某种程度上说，反垄断法实施指南更能保障反垄断法实施程序的正义性。

[1] 綦书纬．中国与南非垄断行为行政罚款指南比较研究［J］．价格理论与实践，2016（10）：62-68.

1. 从对反垄断执法机关权力规范的角度看

为了更好地规制违法行为，我们需要有适当的拥有执法权的机关，但这一权力需要加以规范，否则就会产生权力的滥用。孟德斯鸠说，“一切有权力的人都容易滥用权力，这是万古不易的一条经验，有权力的人们使用权力一直到遇到有界限的地方才休止。[1]”因此，必须将反垄断执法机关的权力边界明定清楚，在执法机关逾越权力边界时，就需加以制裁，只有这样，才能保证反垄断执法是一个规范的过程。因此，为了保障反垄断执法的价值，必然产生对反垄断执法机关权力规制的制度需求。

我们知道，反垄断基本法律只能对反垄断执法机构作概括性的授权，对其权力行使作出为数不多的规范。显然，这是不够的。因此，反垄断执法机关在执法中滥用执法权就可能是一种常态。因此，若有更具体的程序规则限制反垄断执法机关的执法行为，权力的滥用就能在一定程度上得到减少。反垄断法实施指南就是这种制度。

我们知道，反垄断法实施指南是阐明反垄断法实施的具体规则，细致到反垄断执法机关处理案件的具体环节及分析因素。一般而言，反垄断法实施指南无论是在实体上还是程序上，都更为具体。显然，一旦发布，反垄断法实施指南就是对反垄断法实施机关的约束，进而促使反垄断法实施机关按照指南执法，实现程序正义。例如，为了在反垄断审查中准确分析企业并购的利弊得失，美国和欧盟均制定发布了横向并购指南，目的就是为了提高执法效率和执法透明度。[2]而增加执法透明度则是对反垄断执法机构的约束。又如，对于我国有关机关起草《关于滥用知识产权的反垄断指南》，有研究就指出，该指南的颁布将使得知识产权领域的反垄断执法更加程序化、严格化[3]。另一研究也指出，在制定知识产权领域反垄断实施法指南过程中，应重视“规制和规制的限制”这一制度理念，尤其是后者，因为知识产权领域的反垄断规制规则愈明确

[1] 孟德斯鸠．论法的精神（上册）[M]．张雁深，译．北京：商务印书馆，1963：184.

[2] 吴汉洪，周德发．美国最新横向并购指南解析及对中国的启示［J］．云南财经大学学报，2012（1）：101-107.

[3] 张雨林．《反垄断法》在我国知识产权领域的适用——以《关于滥用知识产权的反垄断指南（征求意见稿）》为视角［J］．中国价格监管与反垄断，2018（3）：27-32.

具体，反垄断执法规制的限制就愈多，其损害市场主体合法权益的可能性就愈少。[1]可见，反垄断法实施指南在某种程度上是对反垄断执法行为的规范，可产生执法约束功效，避免不当执法所带来的不利损害。

2. 从对相对人、其他参加人权利保护的角度看

反垄断法实施须为相对人、其他参加人之基本权利保留基本的园地，具体而言，也即要保护他们的人身自由权、言论自由权、财产权、经济自由权、获得救济权等。这样，就产生了这一方面的制度需求。在制度构建时，除宪法有关条款外，反垄断法还需细化、明确。

因此，为实现反垄断法实施的价值，应增加相对人、其他参加人参与执法过程的透明度和机会，以便其丰富守法经验。在这一方面的制度需求中，需要将执法程序向更多的主体开放，应赋予更多主体参与执法过程的权利，应将反垄断执法过程细化为多个可分的步骤，突出过程性。

反垄断法实施指南就是对反垄断法实施环节的细化与解构，目的在于使利害关系人对反垄断法实施过程有充分的了解和理解，对其行为及法律风险进行判断，对参与反垄断法实施过程的程序有全面的掌握。这样，反垄断法实施指南就可更好地保护相关利害关系人的合法权益。

第二节 反垄断法实施指南的优势

一、反垄断法实施指南优势之基本分析

概括而言，与反垄断基本法律相比，反垄断法实施指南有着独特的优势，主要有：

[1] 孟雁北．规制与规制的限制：透视中国反垄断法视野中的知识产权许可行为［J］．中国社会科学院研究生院学报，2012（1）：82-86.

第一，细化执法标准。由于反垄断基本法律具有模糊性，反垄断法实施指南构建了更为细化的执法标准。例如美国司法部和联邦贸易委员会颁布的《横向合并指南》提供了对特定事实判定的方法或考量因素，包括假定垄断者测试法、评估市场集中度的 HHI 指数等。从这一层面而言，反垄断法实施指南是对反垄断法具体应用问题的具体分析，细化了反垄断基本法律涉及的违法行为认定标准。

第二，保证程序公正。正义的实现高度依赖程序的公正，反垄断法实施指南本质上是对反垄断法规则的细化，以此为反垄断法适用提供明确的指引。同时，反垄断法实施指南在执法程序上也为执法机构设定了规范，保障执法程序的合法性、合理性、高效性，从根本上保证反垄断法实施体系的有效发挥。

第三，引导合规行为。从反垄断执法机构的角度看，反垄断法实施指南是建构、规范反垄断执法标准与程序规则的载体，也是为经营者提供反垄断法律“信息”，可增加经营者获悉反垄断实施政策的有效途径。[1]制定反垄断法实施指南，不仅有利于明晰反垄断基本法律中的不确定条款，更有利于让经营者认识到哪些经营行为为反垄断法所允许，哪些为反垄断法所禁止。从这一角度看，反垄断法实施指南是引导经营者从事合规经营行为的重要方式。

二、反垄断法实施指南优势之具体分析

反垄断法实施指南作为反垄断基本法律的重要支撑，不仅细化了认定标准、明确了规制对象、保障了执法程序，最重要的是，与反垄断基本法律的模糊性相比，反垄断法实施指南具有鲜明的灵活性。此外，反垄断法实施指南的优势还体现在以下 6 个方面。

第一，制定主体的经验性。一般而言，反垄断法实施指南的制定机关为反垄断执法机关，而反垄断执法机关具有广泛的执法经验，在实践中形成明确的

[1] 郝俊淇，刘维俊 . 反垄断指南的功能探讨［J］. 中国价格监管与反垄断，2015（9）：29-32.

实践规则。因此，由反垄断执法机关自己制定发布反垄断法实施指南将有效发挥其经验优势。总体而言，绝大多数国家地区的反垄断法实施指南都由反垄断执法机关制定发布。在我国，反垄断法实施指南的制定主体有着多元、多层级、多部门的特点。例如，在反垄断法实施指南制定主体中，既有反垄断委员会，也有中央反垄断执法机关，还有地方反垄断执法机关。除反垄断委员会外，其他主体都为反垄断执法机关，在制定发布指南中可将有益经验体现在指南中。从未来看，我国反垄断法实施指南制定权与反垄断执法权将统一整合，将有效发挥反垄断执法机关的经验优势。

第二，具体内容的广泛性。反垄断法实施指南内容广泛，不仅涉及不同类型的垄断行为，而且在提炼垄断行为一般性的同时，充分考虑到不同垄断行为的特殊性。从目前我国已发布和正在制定的反垄断法实施指南看，其中既有基础性规定的指南，包括相关市场界定指南、认定经营者垄断行为违法所得和确定罚款的指南；也有具体领域指南，如汽车业反垄断法实施指南和滥用知识产权的反垄断法实施指南；还有特殊制度指南，如垄断协议豁免指南和经营者承诺指南。这些指南不仅涉及反垄断法的一般问题，也考虑到了不同行业、不同行为的特殊性，是对反垄断基本法律的灵活适用。

第三，阐述法律的明确性。反垄断法实施指南的内容可具体到分析某一行为涉及反垄断法的各个方面的问题。显然，反垄断法实施指南的内容越具体，反垄断法的拘束力越明确。一般情况下，反垄断法实施指南有两类，一类是对反垄断基本法律的解释，另一类是对执法部门规章的解释。不管是哪一类，都在上位法授权的范围内对反垄断法实施的实际规则进行阐述。另外，反垄断法实施指南明确了法律的拘束力后，对于不违反反垄断法律规范的行为，市场主体可以依法灵活地从事自己的经营活动。因此，反垄断法实施指南对提高市场运行效率是有益的。

第四，表达方式的交互性。反垄断法实施指南一般以反垄断执法机关向市场主体解释的方式，以交流、商谈的方式阐述内容。这是一种交互性、商谈性方式。从反垄断执法的内在价值看，这种方式能够使法律治理在较为现代性的法律框架下运行。我们知道，关于现代法的发展趋势，学者们一般都认为，法的高级阶段应强调参与、鼓励协商。如昂格尔认为，法律是沿着“习惯法—官僚法—法律秩序”的路径演进的，法律秩序是法的高级阶段，具有自治性，强调协作，各种主体通过争议产生之前就已经存在的规则表现自己❶。在P·诺内特和P·塞尔兹尼克的“压制型法—自治型法—回应型法”的法律演进模型中，法的高级阶段“回应型法”也鼓励参与和协商，把同意作为对合理性的一种检验。❷日本法学家田中成明提出了“普遍主义法—管理式法—自治式法”的法律演进模型，有论者指出，自治式法实为一种妥协调整方式❸，也即强调参与、协商。在哈贝马斯眼中，法律是沿着“形式法—福利法—程序主义法”的范式发展的，程序主义法范式是以沟通理性为基础的法律商谈为特质的。❹如果深入分析，反垄断法实施指南的内容阐释过程就是商谈的过程。当然，这种商谈是以反垄断法实施机关向市场主体解释、阐述、澄清、告知、警醒、说明等方式进行的。这体现了执法民主的原则，强调了执法合作性，符合现代法的发展趋势。

第五，语言的易理解性。反垄断法实施指南的语言一般采用生活语言、行业语言、时代语言、法律语言等。相较反垄断基本法律而言，反垄断法实施指南的语言增加了生活语言、行业语言甚至是时代语言，减少了法律语言的使用。这样，反垄断法实施指南的语言表达就更接近生活实际，贴近行业实践。也就是说，反垄断法实施指南在一定程度上摆脱了反垄断基本法律中的高度概括性语言的抽象性、艰涩性，使得反垄断法实施指南成为市场主体与反垄断基本法律之间的理解媒介，在二者之间架起了理解的桥梁。由此，市场主体在遵从反垄断法方面就有了明确了指引。

第六，指南本身无约束力。一般而言，反垄断法实施指南不是正式的法律规则，不具有法律上的明确法律效力。因此，市场主体不受反垄断法实施指南的法律约束。这样，市场主体就对反垄断法实施指南有了接近、掌握的积极动

❶ 昂格尔 R M. 现代社会中的法律［M］. 吴玉章，周汉华，译. 北京：译林出版社，2001：206.

❷ P·诺内特，P·塞尔兹尼克 . 转变中的法律和社会：迈向回应型法［M］. 张志铭，译 . 北京：中国政法大学出版社，2004：111.

❸ 叶明 . 经济法实质化研究［M］. 北京：法律出版社，2005：142.

❹ 哈贝马斯 . 在事实与规范之间——关于法律和民主法治国的商谈理论［M］. 童世骏，译 . 北京：生活 · 读书 · 新知三联书店，2003：529-549.

因。正是这种动因，促使市场主体逐步通过反垄断法实施指南深入把握反垄断法的精神和内容，深刻领悟反垄断成文法的要义，准确理解反垄断“活法”的具体规则。因此，市场主体就能在一定程度上避免违法行为，即使触及垄断违法行为，也能节约违法成本。

第三节　反垄断法实施指南与经济发展方式转变的耦合性

一、经济发展方式转变对反垄断法实施指南存在制度需求

1. 经济发展方式转变的主要内容

近年来，经济发展方式转变成为我国经济社会发展的重要内容。无论是我国“十二五规划纲要”还是“十三五规划纲要”，经济发展方式转变都是其中的重要内容。

《国民经济和社会发展第十二个五年规划纲要》明确指出，“以加快转变经济发展方式为主线，是推动科学发展的必由之路，必须贯穿经济社会发展全过程和各领域，在发展中促转变，在转变中谋发展”。《国民经济和社会发展第十三个五年规划纲要》也要求“加快形成引领经济发展新常态的体制机制和发展方式”。

概括而言，经济发展方式转变的具体内容如下：一是经济结构战略性调整。经济结构战略性调整是加快转变经济发展方式的主攻方向。经济结构战略性调整的内容包括：促进经济增长向依靠消费、投资、出口协调拉动转变；促进经济增长向依靠第一、第二、第三产业协同带动转变；促进区域良性互动、协调发展。二是加快科技进步和创新。这就要充分发挥科技第一生产力和人才第一资源作用，增强自主创新能力。三是保障和改善民生。这是要求完善保障和改善民生的制度安排，促进就业。四是建设资源节约型、环境友好型社会。

因此，在经济发展中，要降低温室气体排放强度，发展循环经济，推广低碳技术。五是坚持改革开放。其中要求实施互利共赢的开放战略，与国际社会共同应对挑战、共享发展机遇。

2. 经济发展方式转变对反垄断法指南存在制度需求

经济发展方式转变，意味着市场经济发展的重点方向、重点领域、重要方式、重要机制要进行改变。这种转变也是市场经济发展组织方式的转变。在任何行业领域，无论是垄断经营，或是有限度的垄断经营，还是自由经营，都需要反垄断法进行调整。也就是说，反垄断法在某一行业究竟是全面适用，是部分适用，还是完全豁免，都需要有明确的规则。当然，随着我国市场经济的发展，经济发展方式转变对反垄断法实施的需求主要不是豁免和部分适用规则，而是更精细的反垄断法实施规则。

具体而言，经济发展方式转变对反垄断法实施指南存在以下需求。

（1）经济结构调整需要企业合并、企业联合方面的反垄断法实施指南进行保障。经济结构调整大多会涉及企业与企业之间的合并、投资、联营。因此，反垄断法实施指南应对经营者集中问题进行明确，以指导企业合法并购，有效促进经济结构调整。尤其值得指出的是，互联网经济等新经济领域是经济结构调整的重要问题，是各国都面临的反垄断法难题，这就需要有较为有效的反垄断法实施指南出台。

（2）科技创新需要知识产权许可反垄断法实施指南进行支撑。科技创新带来知识产权市场的重大变革，其间知识产权保护与反垄断法的关系十分紧张。这需要有清晰的反垄断法实施指南进行指导。

（3）保障民生尤其需要滥用规制、垄断协议规制方面的反垄断法实施指南加以保障。在我国，垄断企业还十分普遍，滥用市场支配地位情形经常出现，严重损害人民基本生活，尤其是水、电、气、电信、医疗、保险、银行业、交通行业、邮政行业。因此，民生领域存在较大的反垄断法实施指南制度需求。

（4）建设资源节约型、环境友好型社会需要清洁生产方面的反垄断法实施指南。环境领域通常是反垄断法的豁免领域，尤其是垄断协议方面。但是，随着经济发展方式发生转变，环保领域的滥用问题、企业合并问题、行政性垄断问题将十分突出，因此也存在反垄断法实施指南制度需求。

（5）扩大改革开放需要跨国经营领域的反垄断法实施指南建构。当前世界，贸易保护主义抬头，但我国却需要深入扩大改革开放。对此，我国反垄断法的涉外适用是一个十分棘手的问题。在这种背景下，涉外经济领域反垄断法实施指南的出台有着巨大的制度需求。

二、反垄断法实施指南对经济发展方式转变的回应性

由于反垄断法实施指南是反垄断执法机关进行法律适用与推理的实践规则，因此其从根本上决定了反垄断法实施的广度和深度。由于反垄断法实施指南在形式上为非正式法律渊源，具有非约束性，执法机关较易根据经济社会发展需要进行修改调整，进而反映出反垄断法实施的灵活性和政策性。因此，在经济发展方式转变中，制定或修改反垄断法实施指南能在一定程度上促进某一或某些社会经济目标的实现，这正是一些国家积极推动制定或修改指南的动因所在。

例如，美国于1968年颁布了第一个横向合并指南；与1968年的横向合并指南相比，1982年的横向合并指南的革命性变化是引入统一的分析框架和方法，尤其是采用赫芬达尔—赫什曼指数（Herfindahl-Hirshman Index，HHI）测算市场集中度，并将效率作为抗辩理由；1992年的横向合并指南则考虑到兼并所产生的正负效应问题；1997年的横向合并指南聚焦于价格，强调兼并对消费者剩余的效应。可见，伴随着一次次地修正，合并指南的经济学倾向逐步增加。[❶]但是，这并不是根本原因。有研究指出，美国横向合并指南的主要特征是国家利益至上，注重提高其企业国际竞争力，尤其是进入20世纪90年代以后，美国对相关并购或明或暗支持。[❷]时隔近20年，美国的企业合并指南于

❶ 王继平，陈甬军．美国反垄断兼并指南变迁中经济学家的作用及其启示［J］．产业经济研究，2007（2）：73-78.

❷ 汪先俊．美国横向《并购指南》的分析与借鉴［J］．兰州学刊，2008（6）：47-48，61.

2010年再次修订，表明指南应随着时代和经济形势变动而“与时俱进”。[1]此外，美国司法部于2011年发布了新的《合并救济政策指导意见》，对2004年《合并救济政策指导意见》进行了较大幅度修改，以回应全球化进程带来的企业并购形势变化。[2]这充分表明，随着经济社会发展，美国不断修订企业合并相关指南。在各种变化的背后，则是由于时代发展所引起的经济发展方式的变革，因而需要有相关法治规则予以回应，反垄断法实施指南就是其中的一类法治规则。

在欧盟，欧盟委员会于2009年发布了《适用欧共体条约第82条查处市场支配地位企业排他性滥用行为的执法重点指南》，其中的原因是，过去很长一段时间欧盟委员会采用“形式主义方法”（Forms-based Approach）开展相关执法，被认为会抑制创新和效率，故通过该修订以从“重形式”向“重效果”转变。[3]又如，欧盟1998年《罚款确定方法指南》于2006年得以修订，提高了罚款的幅度，将可罚款年营业额比例从10%提高到15～25%，并增加对重复违法者的处罚，以更好地反映违法行为的经济性后果和公司的市场份额。[4]这表明，随着经济发展变化，对垄断行为人的惩罚也需要调整，而该调整需要通过反垄断法实施指南等规则予以明确。此外，欧盟1996年《卡特尔案件罚款减免通告》也于2002年、2006年进行了修订。

在日本，结合不同时期情况，日本公正交易委员会提出了不同时期的知识产权领域反垄断法实施政策，具体有1968年《国际许可协议的反垄断指南》、1989年《关于管制专利和技术秘密许可协议中的不公正交易方法的指南》、1999年《专利和技术秘密许可协议的反垄断法指南》、2007年《知识产权使用的反垄断法指南》，以回应经济发展中的知识产权领域反垄断法实施要求。[5]从

---

❶ LEONARD G K. The 2010 Merger Guidelines：Do We Need Them？Are They All We Need?［EB/OL］.（2018-10-28）［2018-12-30］. https://www.competitionpolicyinternational.com/the-2010-merger-guidelines-do-we-need-them-are-they-all-we-need/.

❷ 韩伟. 美国《合并救济指南》的修订及启示［J］. 理论探索，2012（4）：130-134.

❸ 韩伟. 欧盟滥用市场支配地位反垄断指南析评［J］. 中国价格监督检查，2013（9）：50-54.

❹ Commission revises Guidelines for setting fines in antitrust cases［EB/OL］.（2006-06-28）［2018-12-30］. http://europa.eu/rapid/press-release_IP-06-857_en.htm.

❺ 王先林，潘志成. 反垄断法适用于知识产权领域的基本政策主张——日本《知识产权利用的反垄断法指南》介评［J］. 电子知识产权，2008（1）：36-40.

中可以看出，日本知识产权反垄断法实施领域不断扩大，从最开始的限于国际经济交往领域扩展到国内市场经济领域，从工业产权领域扩展到所有知识产权领域。2016 年，日本公正交易委员会对 2007 年《知识产权使用的反垄断法指南》进行了修订，对标准必要专利等引起的反垄断法实施问题阐明了态度，体现了新指南对经济社会发展的回应。此外，日本公正交易委员会还于 2005 年修订了 1978 年制定的《关于〈反垄断法〉“垄断情事”条款之“具体经营行为”解释的指南》、2011 年修订了 2004 年制定的《关于经营联合的反垄断法适用指南》、2017 年修订了 1991 年制定的《分销和经营行为指南》，都反映了日本反垄断法实施指南对经济发展变化的回应性。

我国《反垄断法》授权反垄断委员会制定发布反垄断法实施指南，也有因应经济发展方式转变的考虑。值得一提的是，国务院 2017 年《规章制定程序条例》第 6 条阐明，制定规章“应当体现全面深化改革精神”“促进政府职能向宏观调控、市场监管、社会管理、公共服务、环境保护等方面转变”。虽然有关部门制定反垄断法实施指南的行为并不是规章制定行为，但也应参考借鉴相关规定。

自 2008 年 8 月我国《反垄断法》实施以来，虽然反垄断执法机构尤其是国家发展改革委积极回应社会关注和民生需求，稳健开展反垄断执法活动，但商业行为复杂多变，亟须以简明易懂的反垄断法实施指南应对之，这与我国推进国家治理现代化的要求高度一致。[1]而对于《关于汽车业的反垄断指南（征求意见稿）》的问题，有分析认为，该指南从结构到实体都十分契合我国《反垄断法》，坚持问题导向，根据我国汽车市场竞争状况，重点关注了汽车经销和售后市场中的垄断行为问题。[2]可见，该指南体现了对我国经济社会发展的回应。就知识产权领域而言，有研究指出，一国反垄断法采取什么态度规制知识产权许可限制，与该国的贸易类型密切相关，技术出口型国家常较为宽容，而技术进口型国家则较为严厉，因此我国也应采取严厉态度，尤其是应注重“本

[1] 徐新宇．起草《纵向价格垄断协议的执法指南》若干问题的思考［J］．中国价格监管与反垄断，2018（1）：26-30.

[2] 卢延纯，苏华．汽车业反垄断指南起草若干重点问题的思考［J］．中国价格监管与反垄断，2016（3）：17-21.

身违法”原则的运用。[1]

当前，我国正处于经济发展方式转变的关键时期，尤其强调经济结构调整、科技创新、民生保障、环境保护、扩大开放，这些领域的反垄断法实施难题需要澄清。通过制定一系列反垄断法实施指南阐明当前我国反垄断法实施的总体政策并阐明一些具体领域的反垄断法实施政策和方法，无疑对经济发展方式转变具有保障和促进作用。

[1] 郑鹏程，肖小梅．论我国反垄断法规制知识产权许可限制的基本立场——兼评《关于知识产权领域反垄断执法的指南》[J]．河南社会科学，2013（2）：43-46.

第三章　国外经济发展方式转变中的反垄断法实施指南体系建构

反垄断法实施指南制度肇始于美国，并在世界诸多国家和地区得到了发展，尤其是欧盟。总体而言，美国和欧盟的反垄断法实施指南制度的建构都与其经济发展方式转变存在耦合关系。在其他国家地区，经济发展方式转变与反垄断法实施指南制度的逻辑关系也都得以体现。

第一节　美国反垄断法实施指南体系建构

一、20 世纪六七十年代

美国反垄断法实施指南制度的源头是 1968 年《横向合并指南》。众所周知，《克莱顿法》第 7 条是美国规制企业并购的反垄断制定法核心条款，但该规定过于简单，因此在早期适用中具有较大的随意性。[1]1965 年，哈佛大学教授 Donald F. Turner 提出反垄断政策应具备更大的明确性与经济延续性，建议执法部门出台合并指南。因此，美国司法部于 1968 年制定第一部企业合并指南，对反垄断执法机构审查企业合并的方法进行了解释，明确采用市场份额分析为主的竞争执行政策，与当时法院的分析方法一致。[2]

---

[1] 韩伟．美国《横向合并指南》的最新修订及启示［J］．现代法学，2011（3）：151-164.

[2] Peritz R J R, Competition Policy in America, 1888-1992：History, Rhetoric, Law［M］. Oxford：Oxford University Press, 1996：232.

美国法院曾经在企业合并分析中采取“四企业集中分析方法”（the four-firm concentration measure），即以最大的4个企业的市场总份额分析企业合并问题。根据这种方法，在不够集中的产业中的较小并购也是不合法的。显然，在今天看来，阻止这样的合并没有意义，也不利于市场经济的发展。因此，1968年《横向合并指南》规定了更加具体的分析方法，即只有并购方和被并购方的市场份额都达到一定的值时，司法部才加以阻止。[1]例如，在高度集中的市场，即前4大企业的市场总份额达到75%以上时，并购方的市场份额在4%、10%、15%以上，而被并购方的市场份额分别在4%、2%、1%以上的，司法部将予以阻止；在非高度集中的市场，即前4大企业的市场总份额未超过75%以上时，并购方的市场份额在5%、10%、15%、20%、25%以上，被并购方的市场份额分别在5%、4%、3%、2%、1%以上的，司法部将予以阻止。因此，该指南的出台实质上使没有太大竞争损害的横向合并可网开一面。显然，这对经济发展是有利的。

美国反垄断法实施指南的另一个领域是反垄断法的域外适用。我们知道，1945年美国铝公司案的主审法官汉德（Judge Learned Hand）创造性地偏离了《谢尔曼法》的属地管辖原则，并通过建立“效果测评”理论发展了《谢尔曼法》的域外适用规则。[2]显然，这种做法受到越来越多的挑战，市场主体时常为反垄断法的可能适用而担忧，更不利于美国涉外经济发展。于是，美国司法部反垄断司于1977年发布了63页的《跨国经营反垄断指导意见》（*Antitrust Guide for International Operations*）。该指导意见包括对一般原则和反垄断实施政策考量的评价和14种假设的情形。该指南概述中最重要的方面是对“礼让”原则的不断强化，并确认合理原则在跨国交易中具有广泛的适用范围。从某种程度上说，该指南减少了市场主体不必要的担忧[3]，也是对跨国经济领域的积极回应。

---

[1] GREENE H.Guideline Institutionalization：The Role of Merger Guidelines in Antitrust Discourse［J］. William & Mary Law Review, 2006, 48（3）：771-857, at 783-784.

[2] 陈兵 . 论《谢尔曼法》域外适用制度及其启示——以美国20世纪70年代成型期案例考察为基础［J］. 江汉论坛，2010（4）：139-144.

[3] BAKER D I, RUSHKOFF B.The 1988 Justice Department International Guidelines：Searching for Legal Standards and Reassurance［J］. Cornell International Law Journal, 1990, 23（3）：405-440, at 411-412.

此外，在知识产权领域，由于反垄断法与知识产权法之间的关系复杂，各国都致力于阐明相关反垄断法实施政策。1970 年，负责美国司法部反垄断事务的官员提出了九类反垄断法禁止的知识产权许可行为，并形成了“九不”原则，其表明虽然反垄断法并不是反专利的，但知识产权许可行为也不能豁免反垄断法的适用。[1]该原则也为美国 1977 年《跨国经营反垄断指导意见》所吸收。[2]

值得指出的是，美国 1977 年《跨国经营反垄断指导意见》分为概括解释分析和 14 个案例分析两部分，主要旨在对司法部不大可能指控的企业经营计划提供帮助，并分析哪些交易可能需要详细调查，不过该指导意见仅是司法部的声明，并不是其他反垄断执法机构如联邦贸易委员会的反垄断政策。[3]

二、20 世纪 80 年代

1968 年《横向合并指南》出台后，历经了多次修订，每次修订既体现了时任政府对于经济的理解，也体现了实际执法经验。[4]20 世纪 80 年代，为推行较为宽松的经济政策，美国修改了合并指南，以合理原则替代本身违法原则。1982 年，美国司法部发布了 1982 年《横向合并指南》（1984 年作了较小的修改）。该指南的重大修订是，采取 HHI 指数分析法界定相关市场，提高认定反竞争效果的市场份额与市场集中度的门槛，以合理原则替代本身违法原则。该版指南为现代反垄断法的一个里程碑。相应地，美国联邦贸易委员会也发布

[1] “九不”原则禁止的行为包括：搭售非专利项目、强制回授、专利产品转售权限制、超出专利范围限定交易、禁止被许可人获得新许可、强制性一揽子许可、对专利产品销售收取不合理费用、限制被许可人使用依专利方法生产的产品、限制专利产品的最低转售价格。ABRAMSOM B D. Trolling around the Patent-Antitrust Interface：The Roots of the NPE Challenge and the Role of Antitrust in Patent Reform [J]. Antitrust Bulletin, 2014, 59（2）：221-280, at 240.

[2] 王先林．我国反垄断法适用于知识产权领域的再思考 [J]. 南京大学学报（哲学·人文科学·社会科学版）, 2013（1）：34-43, 159.

[3] SHIMP R G. A Critical Review of the Justice Department's 1988 Antitrust Guidelines for International Operations [J]. North Carolina Journal of International Law and Commercial Regulation, 1989, 14（2）：287-314, at 289.

[4] Lévêque F, Shelanski H, Merger Remedies in American and European Union Competition Law [M]. Cheltenham：Edward Elgar, 2003：13-47.

了《合并实施政策声明》。这使得美国合并分析的方法发生了根本的变革——以赫芬达尔—赫希曼指数（Herfindahl-Hirshman Index，HHI）计算市场份额的平方和，根据企业合并前后的平方和变化来决定是否阻止一项合并。当合并后的 HHI 指数低于 1000 时，不予干预。介于 1000 ～ 1800 时，如果合并导致增加了 100 点，较有可能予以干预。大于 1800 时，增加 50 点以下的，不可能予以干预；增加 50 ～ 100 点的，执法机关根据自由裁量权决定是否干预；增加 100 点以上的，较有可能予以干预。此外，对于市场界定，该指南采取了假定垄断者测试方法 SSNIP（a small but significant and non-transitory increase in price）。[1]

在知识产权领域，“九不”原则的适用引发了诸多批评，主要在于该原则过于僵硬，其采取直接“划线”的做法认定某一知识产权许可行为是否合法，并没有做合理分析。因此，“九不”原则在 20 世纪 80 年代初就被推翻，而以合理原则替代之。[2]其中的原因是，在过去的诸多案件处理中假定知识产权法与反垄断法存在冲突，这显然并不合适，因此里根政府一直致力于推翻陈旧的专利原则。[3]这样，知识产权反垄断法实施转向为以合理原则为中心，并体现在美国 1988 年《跨国经营反垄断实施指南》（*Antitrust Enforcement Guidelines for International Operations*）中。[4]

在跨国经营领域，为了增加指南的实用性，美国 1988 年《跨国经营反垄断实施指南》强调其政策并不适用于私人、州、国外的反垄断诉讼，这解决了

---

❶ 即首先从反垄断审查关注的经营者提供的商品开始考虑，假设该经营者是以利润最大化为经营目标的垄断者（假定垄断者），在其他商品的销售条件保持不变的情况下，假定垄断者能否持久地小幅提高目标商品的价格。目标商品涨价会导致需求者转向购买具有紧密替代关系的其他商品，从而引起假定垄断者销售量下降。如果目标商品涨价后，即使假定垄断者销售量下降，但其仍然有利可图，则目标商品就构成相关商品市场。

❷ ABRAMSOM B D. Trolling around the Patent-Antitrust Interface：The Roots of the NPE Challenge and the Role of Antitrust in Patent Reform [J]. Antitrust Bulletin, 2014, 59（2）：221-280, at, 243.

❸ FUGATE W L.The New Justice Department Antitrust Enforcement Guidelines for International Operations--A Reflection of Reagan and, Perhaps, Bush Administration Antitrust Policy [J]. Virginia Journal of International Law, 1989, 29（2）：295-346, at 331-332.

❹ 王先林 . 我国反垄断法适用于知识产权领域的再思考 [J]. 南京大学学报（哲学・人文科学・社会科学版），2013（1）：34-43, 159.

1977 年《跨国经营反垄断执导意见》中的模糊地带问题[1]，认定了合并、联营、知识产权许可安排中的安全港范围，并且表达了执法机关对适用地域限制问题的倾向性观点，拒绝接受美国的出口商是反垄断法潜在受益人。[2]此外，该指南还阐明，尽管《综合贸易与竞争法》(*Omnibus Trade and Competitive Act* of 1988）赋予总统基于国家安全理由中止或禁止可能导致国外控制的合并的权力，但这不同于反垄断。[3]从某种角度看，该指南也是对美国经济发展的进一步回应。

三、20 世纪 90 年代

1992 年，为平衡与公共利益的关系，美国司法部和联邦贸易委员会以联合的方式发布了 1992 年《横向合并指南》，首次正式地就横向合并签署了联合声明，这是二者在反垄断法实施方面紧密合作的结果。[4]该指南阐明，将通过以下方法审查合并是否可能产生或提高市场力或有利于该市场力的运用：分析合并是否实质上增加市场集中并导致一个集中的市场；根据市场集中情况和市场特殊因素分析合并是否增加了对竞争负面影响的担忧；市场进入是否能及时、可能、充分地威慑或抵消合并带来的竞争影响；评估合并当事人的行为所不能合理获得的效益；审查若不通过合并，合并当事人是否可能存在市场失败而退出市场。显然，该指南的分析方法比先前的任何版本都更加复杂，但这是非常必要的[5]，因为在一定程度上，该指南真正代表了合并分析的新逻辑步调（The

[1] SHIMP R G. A Critical Review of the Justice Department's 1988 Antitrust Guidelines for International Operations [J]. North Carolina Journal of International Law and Commercial Regulation, 1989, 14 (2): 287-314, at 289.

[2] BAKER D I, RUSHKOFF B.The 1988 Justice Department International Guidelines : Searching for Legal Standards and Reassurance [J]. Cornell International Law Journal, 1990, 23 (3): 405-440, at 415.

[3] 不过，有研究认为司法部在反垄断审查中应对国家安全因素进行考量。FUGATE W L.The New Justice Department Antitrust Enforcement Guidelines for International Operations--A Reflection of Reagan and, Perhaps, Bush Administration Antitrust Policy [J]. Virginia Journal of International Law, 1989, 29 (2): 295-346, at 326, 303.

[4] ARQUIT K J. Perspectives on the 1992 U.S. Government Horizontal Merger Guidelines [J]. Antitrust Law Journal, 1992, 61 (1): 121-138, at 121.

[5] JAMES C A.Overview of the 1992 Horizontal Merger Guidelines [J]. Antitrust Law Journal, 1993, 61 (2): 447-458, at 456.

Next Logical Step)。❶ 值得注意的是，1997 年美国司法部和联邦贸易委员会对 1992 年《横向合并指南》进行了较小修改，认为合并可产生效率，并有益于消费者和经济发展，但最高法院过去 20 年中未能重视效率问题。更者，比较 70 年代的混合合并和 80 年代垃圾债券敌意并购而言，当时的战略合并对创造效率具有更现实的潜能。因此，与在其他反垄断领域重视效率分析一样，该次修订是为了将效率分析置于合并分析中。❷

在知识产权领域，美国司法部和联邦贸易委员会于 1995 年 4 月联合发布了《知识产权许可反垄断指南》。在这以前，由于里根政府时期知识产权领域的反垄断法实施基本处于停滞状态，不利于推动科技创新，因而发布了上述指南。❸ 有分析指出，该指南是人们长期期待的，其厘清了知识产权许可领域的反垄断分析难题，因为过去在知识产权许可方面没有连贯一致的反垄断政策，使得人们预测一个许可协议是否会受到司法部的指控变得十分困难。❹ 而该指南的发布增加了透明度，阐明了一些知识产权许可行为不会违反反垄断法。❺ 具体而言，美国于 1995 年发布的《知识产权许可反垄断指南》在结构上分为 6 部分：知识产权保护与反垄断法；一般原则（适用于知识产权的标准反垄断分析、知识产权与市场力、许可对竞争的积极作用）；反垄断关切和分析模式（关切的性质、许可安排影响的市场、横向和纵向关系、评估许可限制的框架）；关于执法机构根据合理原则评估许可安排的一般原则（反竞争效应分析、效率和正当理由、反垄断"安全港"）；一般原则的适用（横向限制、转售价格维持、

❶ GOLDEN B. The Evolution of Horizontal Mergers and the 1992 Merger Guidelines [J]. New England Law Review, 1993, 28 (1): 159–188, at 187.

❷ FTC/DOJ Announce Revised Guidelines on Efficiencies in Merger [EB/OL]. (1997-04-08) [2018-12-30]. https://www.ftc.gov/news-events/press-releases/1997/04/ftcdoj-announce-revised-guidelines-efficiencies-mergers.

❸ HAYSLETT T L III.1995 Antitrust Guidelines for the Licensing of Intellectual Property: Harmonizing the Commercial Use of Legal Monopolies with the Prohibitions of Antitrust Law [J]. Journal of Intellectual Property Law, 1996, 3 (2): 375–406, at, 404–405.

❹ AZIZ A H. Defining Technology and Innovation Markets: The DOJ's Antitrust Guidelines for the Licensing of Intellectual Property [J]. Hofstra Law Review, 1995, 24 (2): 475–514, at 477–478.

❺ HAMILTON C. Adequacy of the 1995 Antitrust Guidelines for the Licensing of Intellectual Property in Complex High-Tech Markets [J]. Computer Law Review & Technology Journal 2002, 7 (1): 23–44, at 23–24.

搭售、独家交易、交叉许可与专利池安排、回授、知识产权收购)；无效知识产权的实施。该指南体现了3个一般原则：一是在反垄断分析目的方面，执法机构将知识产权与任何其他形式财产权进行实质性比较，即将知识产权与其他财产权同等对待，认为知识产权拥有者与其他财产权利人一样有获得收益的权利，但又考虑到知识产权的独有特点如减少滥用问题；二是执法机构并不假定知识产权创设反垄断上的市场力；三是执法机构认识到知识产权许可使得企业将生产中的互补要素联合起来且一般有益于竞争。当然，尽管法律对专利、著作权、商业秘密等具体知识产权的保护规则不同，但反垄断法适用分析是相同的，不过需要进行个案分析。此外，该指南还指出，知识产权许可通常涉及跨国许可，因此反垄断法的国内适用与跨国适用规则相同，但在跨国适用中需要考虑司法管辖权和礼让原则问题。从总体上看，1995年《知识产权许可反垄断指南》已在20世纪80年代的合理原则基础上进一步地细化了反垄断法适用分析方法，总体上表现出明显加强知识产权保护的倾向。

在卫生保健业领域，为了保护医疗市场的竞争机制，美国司法部和联邦贸易委员会于1993年发布了《卫生保健业反垄断实施政策声明》，此后于1994年和1996年进行了修订。除引言外，该声明实际上包括9个具体声明，涉及医院合并、高水平技术或其他昂贵医疗设备的医院合资企业、特殊诊所或其他昂贵医疗服务的医院合资企业、医疗服务提供者关于对医疗服务购买人免费信息的共同条款、医疗服务提供者关于对医疗服务购买人收费信息的共同条款、医疗服务提供者参与价格和成本信息的交易、医疗服务提供者之间的联合购买安排、内科医生网络合资企业、多家医疗服务提供者网络。有分析指出，美国之所以发布《卫生保健业反垄断实施政策声明》，就是为了推行医疗机构改革，旨在鼓励而不是损害卫生保健业合法的合作行为，这是美国史无前例地在一个具体产业明确其反垄断政策。[1]

在农业领域，美国司法部、联邦贸易委员会和农业部于1999年达成谅解备忘录（*Memorandum of Understanding with the Department of Agriculture*）。该

---

[1] PARK J Y.PHOs and the 1996 Federal Antitrust Enforcement Guidelines：Ensuring the Formation of Procompetitive Multiprovider Networks［J］. Northwestern University Law Review, 1997, 91（4）: 1684-1728, at 1704-1705；MONROE M S,SEITZ W J. Health Care under the Antitrust Guidelines［J］. University of Cincinnati Law Review, 1995, 64（1）: 71-104, at 72-73.

备忘录指出，三家机构多年来一直开展合作，实践证明这非常有效，因此将继续加强合作。为此，三家执法机构将磋商以讨论和审查农业市场竞争状态的相关法律实施和管理事宜，以增进理解，提高各自履行法律职责的效果，各自指定一名主要联系人以促进各机构的律师、经济学家、技术专家之间的交流，并将在遵守保密规定的基础上分享法律、经济和技术协助方面的信息，以向其他机构提供对其履行执法职责潜在相关和有益的信息。

在跨国经营方面，美国于1995年发布了新的《跨国经营反垄断实施指南》，这是继1977年、1988年两版《跨国经营反垄断实施指南》之后的第三版。有研究指出，1977年的《跨国经营反垄断实施指南》是为了使美国的企业放心，反垄断法在国际市场上也同样适用于其他国家的企业，1988年《跨国经营反垄断实施指南》则阐明了美国反垄断法域外适用的灵活政策，而1995年的《跨国经营反垄断实施指南》则表明了较为严厉的适用态度。[1]显然，这与当时美国知识产权领域突出的垄断问题有着直接的联系。

此外，在反垄断法实施方面，美国司法部于1993年8月发布了《公司宽大政策》（*Corporate Leniency Policy*）、1994年10月发布了《个人宽大政策》（*Individual Leniency Policy*），对公司和个人予以宽大处理的要求、程序等问题进行了说明。显然，该说明有利于公司和个人充分了解反垄断宽大政策，可促进有关主体主动报告案件，以促进反垄断法实施。

从20世纪90年代颁布的指南例证中可见，美国发布的一系列反垄断法实施指南都在推动经济改革的背景下产生的，目的都在于保障一些领域的经济发展。

四、21世纪以来

随着经济社会发展，美国司法部和联邦贸易委员会不断完善反垄断法实施指南。2010年，《横向合并指南》再次修订。该修订既源于经济社会的发展变化，也源自于反垄断法理论的继续发展，因此包括反垄断法实施指南在内的反垄断

[1] BROCKBANK D. The 1995 International Antitrust Guidelines：The Reach of U.S. Antitrust Law Continues to Expand［J］. Journal of International Legal Studies, 1996, 2（1）：1–40, at 39.

法制度需要更新。[1]在结构上，该指南分为概述、竞争负面影响证据、目标消费者和价格歧视、市场界定、市场参与者与市场份额及市场集中度、单边效应、协同效应、强力购买人、市场进入、效率、市场失败与资产退出、竞买者合并、部分收购等13个部分。在内容上，该指南阐明了执法机构将寻求认定和指控对竞争存在损害的合并，同时避免对竞争有益或中性的合并的不必要干预，因此要通过比较不实施合并的情形分析合并实施的情形所带来的影响；该指南的统一主题是，合并不能产生、提高、强化市场力或促进该市场力运用；买方提高市场力（有时被称为买方垄断力）与卖方提高市场力一样具有负面效应，执法机构采用类似的分析框架进行分析。但该指南清晰阐明，合并分析并不存在统一适用的方法技术，而是以具体事实为基础的分析过程，执法机构将在限定的时间内根据其广泛的经验运用一系列的分析工具评估竞争关系。比较而言，美国1968年、1982年、1992年的3部企业合并指南对反垄断法实施产生了积极影响，3部企业合并指南反映了整个社会对经济理解的变化。[2]因此，在经济环境发生变化时，美国企业合并指南应根据动态竞争理论进行修正。[3]这一期望得到了实现。2010年，美国司法部和联邦贸易委员会发布了新的《横向合并指南》，不再像过去那样强调相关市场界定，分析方法也不再完全遵循1992年的多步骤分析方法，更强调根据个案事实进行具体分析，更加重视分析合并产生的竞争效应。显然，这是考虑到1992年旧指南发布以来经济社会发生变化，而合并政策实施已发生了从“刺猬”到“狐狸”的转变，因此该指南填补了过去指南与当前实践之间的鸿沟。[4]

在知识产权领域，美国于2013年发布的《关于自愿遵守公平、合理和无歧视原则承诺的标准必要专利的救济措施的政策声明》，分析了标准必要专利

[1] Cucinotta A, Pardolesi R, Bergh R V, Post — Chicago Developments in Antitrust Law［M］. Cheltenham：Edward Elgar, 2002：68.

[2] GREENE H.Guideline Institutionalization：The Role of Merger Guidelines in Antitrust Discourse[J]. William & Mary Law Review, 2006, 48（3）：771-857, at 817-818.

[3] SIDAK J G, TEECE D J. Rewriting the Horizontal Merger Guidelines in the Name of Dynamic Competition［J］. George Mason Law Review, 2009, 16（4）：885-894, at 894.

[4] KNIGHT A. Out with the Old, in with the New Comparing 1992 US Horizontal Merger Guidelines with the 2010 US Horizontal Merger Guidelines［J］Southampton Student Law Review, 2011, 1（1）：80-92, at 80-82.

反垄断处理中的公共利益考量问题，对相关救济措施的难题进行了分析。当然，2017 年发布的《知识产权许可反垄断指南》则是美国知识产权反垄断政策的再次修正。尽管该指南仍然采取过去的原则和方法，但是更具体地分析了知识产权许可领域的其他行为活动。

在医疗保健领域，美国联邦贸易委员会和司法部于 2011 年 10 月联合发布了《关于责任护理组织参与医疗共享储蓄计划的反垄断实施政策声明》（*Statement of Antitrust Enforcement Policy Regarding Accountable Care Organizations Participating in the Medicare Shared Savings Program*），阐明该声明适用于责任护理提供者和提供者团体之间在医疗共享储蓄计划中所从事的合作行为，但不适用于合并以及单一的一体化实体的情形。该声明阐明，当满足一定条件时将采用合理原则分析责任护理组织的垄断问题，并阐明了其中的反垄断安全港及相关主体自愿申请反垄断审查的问题。发布该声明的原因是，反垄断执法机构认识到并不是所有的责任护理组织都能使消费者受益，在一定条件下这类组织通过高价行为或低质的护理服务减少竞争，损害消费者。因此，该声明是对医疗领域出现的反垄断新问题的回应。

在跨国经营领域，美国于 2017 年发布了新的《反垄断国际实施与合作指南》。与 1995 年指南相比，新指南增加了一个国际合作专章，阐明了调查手段、隐私保护、合作的法律基础、信息共享的类型和放弃保密，救济和刑事调查中的特殊考量。值得注意的是，该指南也提及了反垄断调查中涉及国家安全情况时的保密问题。[1]该次修订反映了反垄断实施在全球化经济中越来越重要，执法机构致力于在政策与调查方面开展国际合作。

在人力资源领域，两个执法机构于 2016 年 10 月发布了《对人力资源行业人员的反垄断指导意见》和《雇佣行为反垄断危险信号》，阐明具有竞争关系的雇主之间在雇佣或保有雇员时达成协议和信息交换的行为是违法的，并告知公司经理或人力资源职业人员九类行为可能存在反垄断关切，以警示人力资源行业人员等主体在做出雇佣和补偿决定时避免违反反垄断法律。值得指出的是，

[1] U.S.Department of Justice and the Federal Trade Commission, Antitrust Guidelines for International Enforcement and Cooperation（2017）, p.41.

美国于20世纪中叶就将反垄断制度适用于人力资源市场以实现对竞争秩序的维系，逐步发展出一系列案例和规则。2016年的《对人力资源行业人员的反垄断指导意见》对人力资源市场反垄断实体制度予以细化，进一步强化了人力资源市场反垄断的实施机制，标志着美国人力资源市场反垄断政策迈向严格化。[1]

此外，为了回应网络安全领域的问题，美国于2014年4月发布了《网络安全信息分享问题的反垄断政策声明》，指出反垄断执法机构与总统的“网络威胁是一个国家面临的最严重的经济安全挑战和国家安全挑战”的观点一致，并致力于从事力所能及的增强国家网络安全的行为，因为现代经济安全和国家安全依赖于一个安全的网络空间。该声明指出，为了网络安全原因而分享信息一般不会产生反垄断法问题，只有例外的情况下才会存在反垄断法问题。从某种角度上说，澄清意味的反垄断声明在于为某些主体提供清晰的反垄断法问题理解。

不仅如此，美国司法部和联邦贸易委员会还于2016年4月发布了《保护国防行业竞争的联合声明》（*Joint Statement of the Department of Justice and the Federal Trade Commission on Preserving Competition in the Defense Industry*）。该声明指出，该指南能充分且灵活地解决国防部对目前或未来竞争者的减少会负面影响国防行业竞争进而负面影响国家安全的担忧。在国防行业，反垄断执法机构特别关注保障国防领域的合并不能对国家安全而言非常关键的短期和长期的创新产生负面影响，因而要确保有一定数量的竞争者（包括主承包商和分承包商）以继续确保目前、计划和未来的采购竞争是稳健的。在调查中，反垄断执法机构将对提议交易的任何有益竞争的因素予以考虑，包括规模经济、递减生产成本、提升研发能力等。但是，若一项交易损害创新，减少国防部所需要的竞争性选择或减少竞争，因此对国家安全产生负面影响，反垄断执法机构将毫不犹豫地采取适当措施，包括阻止交易的措施等。当然，在国防部具有专业能力和信息优势的领域，例如国家安全方面，反垄断执法机构将致力于充分考量国防部的审查意见。

在反垄断法实施程序方面，美国司法部反垄断司于2001年1月发布了《价

[1] 王红霞，臧骞．美国人力资源市场反垄断及其启示——以美国《2016人力资源领域反垄断指南》为核心［J］．竞争政策研究，2017（5）：122-130.

格固定、投标操纵和市场分割：它们是什么和如何发现它们》(Price Fixing, Bid Rigging, and Market Allocation Schemes: What They Are and What to Look For)并于2005年9月进行了修订，旨在让市场主体发现涉嫌违法行为并向反垄断执法机构报告，以推动反垄断法实施。此外，美国司法部反垄断司于2006年9月发布了《反垄断实施与消费者》(*Antitrust Enforcement and the Consumer*)，旨在告知消费者反垄断法的存在及其重要性，解释消费者能为反垄断法实施和自己做什么。《反垄断实施与消费者》阐明了反垄断法能为消费者做什么、联邦反垄断法有哪些以及禁止什么、反垄断法如何实施、反垄断法违法者如何欺骗消费者、司法部将对哪些案件提出指控、消费者能为反垄断实施和自己做什么、消费者如何知晓反垄断法被违反、在反垄断实施中公众的角色是什么等内容。不仅如此，美国司法部反垄断司于2003年12月公布了《结束调查公开声明的发布》文件并于2015年6月进行了修订。根据该文件，发出结束调查公开声明主要基于以下考量：反垄断分析较为复杂，最佳实践指引要求对反垄断实施和非实施的基本原理做更多宣传，反垄断公开实施和非实施对经营者遵守复杂的反垄断标准以及消费者更好地理解反垄断法有益，反垄断分析的透明性可帮助国际实施主体理解美国的反垄断法实施标准，且有助于阻止反竞争行为不适当地影响反垄断法实施。根据该文件，只有已经被司法部公开的调查，反垄断司才会考虑发出上述声明，且声明不披露法律保护的非公开证据或信息，不会包含谴责个人或单位的内容，但包含该声明对司法部无拘束力的内容。此外，在发出声明前将通知当事人。对于宽大处理问题，美国司法部反垄断司于2008年发布了《针对雇员的双边调查收件复函模板》(*Model Dual Investigations Acknowledgement Letter for Employees*)，2018年发布了《双边调查附条件宽大函模板》(*Model Dual Investigations Conditional Leniency Letter*)、《公司附条件宽大函模板》(*Model Corporate Conditional Leniency Letter*)、《个人附条件宽大函模板》(*Model Individual Conditional Leniency Letter*)等文件，进一步完善了宽大政策。

综上可见，在不同的经济发展阶段，美国对企业合并、知识产权、卫生保健、跨国经营等领域不断制定发布、修改、完善反垄断法实施指南，以使反垄断法实施适应社会经济发展变化。

第二节　欧盟反垄断法实施指南体系建构

一、20世纪

欧盟的反垄断法实施指南制定发布开始于20世纪90年代。其中，首先要提及的是1997年欧盟委员会《关于共同体竞争法中的相关市场界定的通告》。该通告旨在对欧盟委员会在竞争法的动态实施中如何适用相关产品市场和相关地理市场的概念提供指导，目的在于认定实际竞争者，因为实际竞争者能对企业的行为进行限制并阻止企业在有效竞争压力外从事独立的行为。因此，在市场界定中，市场份额计算可能表达有意义的市场力信息，以对市场支配地位进行评估。该通告指出，相关市场的概念不同于企业使用的销售产品的市场及其行业领域相关市场的概念。在该通告中，界定相关市场的方法包括竞争限制、需求替代、供给替代和潜在竞争分析等，而在界定相关市场中需要考量产品范围、地理范围、欧盟市场的一体化、市场份额计算、其他考量因素等。此外，该通告还阐明了相关市场证据收集的问题。总体而言，欧盟对相关市场界定的规定比美国《横向合并指南》的相关规定更加缜密。[1]

在卡特尔处理方面，欧盟于1996年发布了《欧盟委员会关于卡特尔案件罚款减免的通告》。该通告为欧盟委员会提供了一种新的有效的调查和惩罚一系列损害严重的违法行为的工具，因为人们一致认为罚款减免政策在反垄断事务中具有合法性和有效性。此外，欧盟于1998年发布了《罚款确定方法指南》。我们知道，罚款是确保公司不从事反竞争行为的手段之一。为了这一目的，罚款必须设定在能确保充分威慑的水平。因此，欧盟制定了《罚款确定方法指南》以提高罚款政策的透明度。该指南的有效性和适用已通过欧洲法院的诸多案件适用得到提升。

在行业反垄断领域，欧盟则于1997年发布了《欧盟委员会关于对竞争规则适用于新交通基础设施项目的建议的澄清说明》，原因在于，适用竞争规则通常被认为是一种损害私人投资初始阶段跨欧洲网络运输项目的不确定因素。

[1] 王传辉．反垄断的经济学分析［M］．北京：中国人民大学出版社，2004：99.

因此，为了确保涉及基础设施的主体都能知晓竞争规则，欧盟委员会发布了该说明。另外，欧盟于1998年发布《欧盟委员会关于竞争规则适用于邮政行业和评价一些国家邮政服务措施的通告》。发布该通告的原因是：考虑到邮政服务对所有经济和社会活动是十分重要的，是交通和贸易的必须手段；新邮政服务已经出现，市场需要投资和创造新的就业；明确的竞争规则有利于邮政市场发展。该通告解释市场主体行为的实践影响和可能的损害，以解释委员会执法的具体规则。

可见，在20世纪，欧盟无论是在反垄断法实施的一般问题方面，还是特殊行业的反垄断法实施方面，都制定发布了反垄断法实施指南，以促进反垄断法的有效实施，促进经济发展。

二、21世纪以来

21世纪以来，为了促进欧洲统一市场的建立，欧盟发布了多部反垄断法实施指南，包括以下方面：（1）有关一些条款适用的指南，如《关于贸易影响概念的指南》（2004年）、《豁免指南》（2004年）、《罚款确定方法指南》（2006年）；（2）有关企业合并的指南，如《企业水平合并分析指南》（2004年）、《企业非水平合并分析指南》（2008年）；（3）有关滥用行为的指南，如《支配地位企业滥用排他性行为指南》（2009年）、《垂直限制指南》（2010年）；（4）有关知识产权许可的指南，如《技术转让协议指南》（2004年）；（5）有关特殊行业的指南，如《农业领域国家援助指南》（2000年）、《电信网络服务的市场分析和显著市场力评价指南》（2002年）、《机场融资和地方机场对定期航线的启动援助的指南》（2005年）、《铁路企业国家援助指南》（2008年）、《海上运输指南》（2008年）、《汽车修理销售和汽车零部件销售协议垂直限制指南》（2010年）等。

其中，2006年《罚款确定方法指南》是对1998年《罚款确定方法指南》的修订。原因是，经过多年的实践，十分有必要重新提炼有关原则。2006年指南的主要修改有：提高了罚款上限，可罚款企业年营业额的15—25%，而不是以前的10%；增加了重复违法者的处罚。该修正将更好地反映违法行为的经济性后果和公司的市场份额。[1] 而 2002 年和 2006《欧盟委员会关于卡特尔案件罚款减免的通告》是对 1996 年《卡特尔案件罚款减免通告》的修改，原因是 1996 年《卡特尔案件罚款减免通告》存在难以获得未发现卡特尔信息的不足，对搜集证据的作用有限。

第三节　其他国家反垄断法实施指南体系建构

一、加拿大

加拿大也十分重视反垄断法实施指南的建构。加拿大竞争局认为，提供反垄断法实施指南是竞争法“教育”的一种方法。[2] 因此，加拿大自 20 世纪 90 年代以来就重视反垄断法实施指南的制定发布。截至目前，加拿大竞争执法机构制定发布的指南主要有《合并实施指南》（1991 年，2011 年最新修订）、《掠夺性价格指南》（1992 年）、《价格歧视执行指南》（1992 年）、《银行合并执行指南》（1998 年）、《加拿大合并救济信息通告》（2006 年）、《竞争者合作指南》（2009 年）、《滥用支配地位条款实施指南》（2012 年）、《合并审查程序指南》（2012 年）、《价格维持指南》（2014 年）、《知识产权实施指南》（2016 年）、《合并申报解释指南》（2011 年、2014 年、2015 年、2017 年）。

值得注意的是，加拿大在经济社会发展中适时完善反垄断法实施指南。例如，加拿大竞争局于 1991 年就发布了《合并实施指南》，此后经过多次修订，最近的一次修订是 2011 年。该新指南阐明，《合并实施指南》尽可能描述竞争局如何分析合并交易的情形，但每个案件的具体事实以及可获得信息数据的性质决定了竞争局评估提议交易的方法，且有时还可能要求采用该指南未提及的方法进行分析。该指南鼓励合并方在早期阶段就联系竞争局以讨论提议的合

[1] Commission revises Guidelines for setting fines in antitrust cases [EB/OL].(2006-06-28)[2018-12-30]. http://europa.eu/rapid/press-release_IP-06-857_en.htm.

[2] 王红梅. 加拿大竞争局的执法方法简介及评价 [J]. 河北法学，2003（5）: 119-125.

并，这样就可以在考量合并时获得竞争局一定的法律服务。在认定一项合并可能创造、维持或提高市场力时，竞争局必须审查合并的竞争影响。该过程一般涉及相关市场界定和评估对相关市场的竞争影响。尽管市场界定不必然是第一个步骤或一个必要步骤，但通常是要开展的。竞争局评估竞争影响时，既非常依赖案件事实，也采用定性证据和定量数据。定性证据来自于合并方提供的有关其日常交易的文件，也来自于客户或其他市场参与者提供的一手行业观察信息。定量数据来自于对合并方和（或）第三方持有的价格、数量、成本或其他数据的统计分析。在所有案件中，竞争局将评估证据的可靠性、坚固性和证明价值。加拿大竞争局指出，这次修订并不是重写合并实施指南，只是对未能完全体现竞争法的实践经验、经济现实和法律思想的部分内容进行修正。[1]

二、日本

自20世纪60年代以来，为促进经济转轨，日本就开始制定禁止垄断法实施指南，这一做法在21世纪以来得到明显的加强。截至目前，日本的禁止垄断法实施指南有20多部，可分6类：一是禁止垄断法一般适用问题的指南，涉及对经营范围的解释、商业联合分析；二是企业合并指南；三是有关知识产权的指南，涉及知识产权使用、标准化和专利池安排、共同研发；四是有关特殊行业的指南，涉及电力交易、气交易、电信业竞争、金融机构超出经营范围经营、服务业滥用支配地位等；五是有关行业组织的指南，涉及医师协会活动；六是有关环境保护的指南，涉及废旧回收中的联合行为。

日本较早的反垄断法实施指南是1968年《国际许可协议的反垄断指南》，该指南主要涉及技术引进合同，此后于1989年、1999年、2007年又有多个知识产权许可相关的反垄断法实施指南，这些指南都是日本公正交易委员会结合不同时期的情况而提出的。[2]不过，日本最新的知识产权许可反垄断法实施指

[1] 余东华，刘晓燕．加拿大并购反垄断审查中的效率因素分析——以 Hillsdown Holdings 并购案为例［J］．世界经济研究，2013（2）：68-73.

[2] 王先林，潘志成．反垄断法适用于知识产权领域的基本政策主张——日本《知识产权利用的反垄断法指南》介评［J］．电子知识产权，2008（1）：36-40.

南是2016年发布的《知识产权使用的反垄断法指南》，该指南主要是为了解决先前指南对标准必要专利的反垄断法问题描述过少的问题。[1]此外，日本1978年制定的《关于〈反垄断法〉"垄断情事"条款之"具体经营行为"解释的指南》在2005年得以再次修订，1984年制定的《关于〈反垄断法〉中不正当低价销售的指南》于2009年修订，1991年制定的《分销和经营行为指南》于2017年修订，2004年制定的《关于经营联合的反垄断法适用指南》于2011年修订。这充分表明，日本反垄断执法机构为不断适应经济社会发展而修改完善反垄断法实施指南。

三、澳大利亚

在20世纪90年代，澳大利亚就发布了《有关贸易行为法适用于知识产权领域的背景文件》和《有关贸易行为法适用于卫生保健业的指南》等相关文件。竞争和消费者委员会还于1999年8月发布了《〈贸易行为法〉第87B条：可执行的承诺适用指南》，对接受承诺制度的适用条件、承诺的接受及内容、承诺的遵守、违反承诺的救济以及企业合并中的承诺等问题作了详细规定。2008年，竞争和消费者委员会发布了《合并指南》。2014年4月，竞争和消费者委员会发布了新的接受承诺程序指南《〈竞争和消费者法〉第87B条：可执行的承诺适用指南》。自21世纪以来，澳大利亚已发布了十多部反垄断法实施指南，涉及企业合并、卡特尔、豁免政策、农业生产者、天然气管道运输等方面。

四、南非

在南非，竞争委员会也发布了《行政罚款确定指南》（*Guidelines for the Determination of Administrative Penalties*）、《合并中的公共利益条款审查指南》

[1] Japan Fair Trade Commission.Partial Amendment of "Guidelines for the Use of Intellectual Property under the Antimonopoly Act"［EB/OL］.（2016-01-21）［2018-12-30］. https://www.jftc.go.jp/en/pressreleases/yearly-2016/January/160121.html.

（*Guidelines for the Assessment of Public Interest Provisions in Mergers*）、《竞争者信息交换指南（草案）（征求意见稿）》（*Request for Comments：Competition Commission's Draft Guidelines on Information Exchange Between Competitors*）、《对未申报而实施合并的行政罚款确定指南（草案）》（*Draft Guidelines for the Determination of Administrative Penalties for Failure to Notify a Merger and Implementation of Merger*）等。

五、巴西

巴西也有多部反垄断法实施指南，如《竞争遵从计划》（*Competition Compliance Programs*）、《反垄断宽大计划》（*Antitrust Leniency Program*）、《合并交易事前分析指南》（*Guidelines for the Analysis of Previous Consummation of Merger Transactions*）、《卡特尔案件禁止（令）协议指南》（*Guideline: Cease and Desist Agreement for cartel cases*）。

综合来看，无论是发达国家地区还是发展中国家地区，乃至是欠发达国家地区，只要其有反垄断法，反垄断法实施指南都伴随而存在。不仅如此，反垄断法实施指南总是根据各国地区的经济发展而逐步调整，不断完善。

第四章　经济发展方式转变中反垄断法实施指南制度的建构方式

经济发展方式转变中的反垄断法实施指南制度建构方式问题涉及建构框架、建构周期、建构主体、建构规范以及建构程序等方面的内容。为此，本章将以美国、欧盟等国家地区的相关做法为切入点，分析相关经验，提炼有关理论。

第一节　框架体系问题

从建构框架角度看，反垄断法实施指南体系一般包括对所有行业或领域都适用的一般适用指南，例如合并指南、竞争者联合行为指南等，同时也包括涉及知识产权、管制行业、环境保护、域外适用问题的特殊指南，各国应根据本国的经济社会发展需要建构指南体系。

一、一般反垄断法实施指南

一般反垄断法实施指南适用于所有行业领域，其目的在于有效地实施反垄断法的规定和要求。从内容看，一般反垄断法实施指南可能涉及反垄断基本法律的所有问题，例如反垄断法的一般原则、垄断行为认定的一般标准和考量因素、基本类型垄断行为的认定分析、垄断行为法律责任、反垄断法实施程序等。但是，一般反垄断法实施指南也应以必要性原则为基础进行构建。以下以美国和欧盟等国家和地区为例，对一般反垄断法实施指南的一般问题进行梳理。

（一）美国

美国司法部和联邦贸易委员会发布了一系列一般反垄断法实施指南，包括《横向合并指南》(分别有1968年、1982年、1984年、1992年、1997年、2010年6个版本)、《非横向合并指南》)(1984年)、《合并救济磋商声明》(2003年发布、2012年修正)、《企业联营指南》(2000年)、《竞争者合作反垄断指南》(2000年)、《反垄断国际实施与合作指南》(2017年)等。

20世纪60年代，为实施反垄断法，美国制定了第一个企业合并指南，即1968年《横向合并指南》。如该指南所规定的，其目的在于“使商界、法律界以及其他感兴趣的团体或者个人了解司法部依据《克莱顿法》第7条的规定指控公司收购和兼并的标准”。从这个角度看，1968年《横向合并指南》主要针对公司收购和兼并进行了详细说明，其适用范围为所有的行业和领域。1968年《横向合并指南》主要针对横向并购、纵向并购以及联合企业合并等对相应的司法部指控合并行为的标准做出了说明。1968年《横向合并指南》将相关市场定义为“销售活动或其他商业交易的某种集合，同其他不在这里进行销售活动的企业相比，在此从事销售活动的各个企业将享受着某种利益”，并指出“市场应从商品和地理两个方面来划定”。[1]

在1968年《横向合并指南》之后，美国于1982年制定了《横向合并指南》。单从1982年《横向合并指南》的具体规定层面看，其制定的目的与1968年《横向合并指南》有所区别。依据1982年《横向合并指南》规定，其目的在于说明美国司法部针对依据《克莱顿法》第7条或《谢尔曼法》第1条规定的公司并购或者合并活动的实施政策，阐明司法部判定并购及合并行为的基本原则、具体标准等。司法部期待通过1982年《横向合并指南》尽可能简单清晰地阐明其政策，以减少执行相关领域反垄断法的不确定性。1982年《横向合并指南》对1968年《横向合并指南》进行了部分修改，其显著变化在于在划

[1] 张忠钢．美国反托拉斯企业合并规制制度分析［EB/OL］.（2005-06-08）［2018-12-30］. http://article.chinalawinfo.com/ArticleFullText.aspx?ArticleId=29599.

定相关市场的问题上采用了全新的方法，[1]主要表现为修订后的指南采取了一种严格的分析方法界定相关市场，并提高认定反竞争效果的市场份额与市场集中度门槛。因此，该指南被视为现代反垄断法的一个里程碑，极大地解决了合并分析中的不可预测性问题。[2]

在 1982 年《横向合并指南》公布两年之后，美国司法部制定了新的指南。与 1982 年《横向合并指南》相比，1984 年《横向合并指南》在基本原则方面变化不大，其主要目的是为了适应美国当时国内和国际经济形势的重大变化，并且对 1982 年《横向合并指南》中某些不明确和模糊之处进行了阐释。1984 年《横向合并指南》的变化主要体现在如下方面：其一，在干预标准方面，除考虑市场份额和市场集中度外，还考虑其他数据资料；其二，在对待外国竞争者方面，国内外企业适用相同的标准；其三，在对待效率问题上，在合并一般应被禁止的情况下，如果证明合并将会显著提高企业经济效益，则不干预该合并。[3]

1992 年，美国司法部和联邦贸易委员会首次联合发布了《横向合并指南》。该指南为两个机构评估合并的主要政策依据，内容只涉及横向合并。[4]到目前为止，美国非横向合并审查方面仍适用 1984 年《横向合并指南》中有关非横向的内容。这表明美国并未改变其自 1984 年以来对非横向合并和混合合并基本不干预的态度。1997 年，美国司法部和联邦贸易委员会对 1992 年的《横向合并指南》进行了进一步修改。

最近一次的关于合并指南的修改是美国司法部和联邦贸易委员会于 2010 年开展的对《横向合并指南》的修改。2010 年《横向合并指南》反映了各机构的最新做法，并为合并相关方提供了有关合并审查所用方法的大量详细信息。[5]

---

[1] 张忠钢 . 美国反托拉斯企业合并规制制度分析［EB/OL］.（2005-06-08）［2018-12-30］. http://article.chinalawinfo.com/ArticleFullText.aspx?ArticleId=29599.

[2] 韩伟 . 美国《横向合并指南》的最新修订及启示［J］. 现代法学，2011（3）：151-164.

[3] 张忠钢 . 美国反托拉斯企业合并规制制度分析［EB/OL］.（2005-06-08）［2018-12-30］. http://article.chinalawinfo.com/ArticleFullText.aspx?ArticleId=29599.

[4] The 1992 Horizontal Merger Guidelines of the United States Department of Justice and the Federal Trade Commission.

[5] EZRIELEV J, ORDOVER J A.The 2010 Horizontal Merger Guidelines：A Static Compass in a Dynamic World?［J/OL］. theantitrustsource, October 2010［2018-12-30］. https://www.americanbar.org/content/dam/aba/publishing/antitrust_source/Oct10_Ezrielev10_21.authcheckdam.pdf.

一般认为，2010年《横向合并指南》淡化了结构主义色彩。

值得注意的是，美国在一般指南方面，还有《企业联营指南》（2000年）、《竞争者合作反垄断指南》（2000年）、《反垄断国际实施与合作指南》（2017年修订）等。

（二）欧洲

为了促进欧洲统一市场的建立，欧盟在近几年发布了十多部反垄断法实施指南，包括以下方面：（1）有关一些条款适用的指南，如《关于贸易影响概念的指南》（2004年）、《豁免指南》（2004年）、《罚款确定方法指南》（2006年）；（2）有关企业合并的指南，如《企业水平合并分析指南》（2004年）、《企业非水平合并分析指南》（2008年）；（3）有关滥用行为的指南，如《支配地位企业滥用排他性行为指南》（2009年）、《垂直限制指南》（2010年）。上述三个层面的指南都可以视作欧盟层面的一般反垄断法实施指南，以下具体分析之。

1. 有关相关条款适用的指南

2004年《关于贸易影响概念的指南》是欧盟委员会制定的用于解释《欧共体条约》第81条及第82条的指南。《欧共体条约》第81条及第82条涉及企业协议和滥用行为，可能影响成员国贸易。在共同体法院的司法实践中，对成员国之间贸易影响的概念和内容已得到了较为深入的澄清，而2004年《关于贸易影响概念的指南》的目的则在于明确共同体法院确定的有关条约第81条及第82条中所规定的有关贸易影响概念的原则，进一步阐明成员国协议不会明显影响其贸易的具体规则。[1]该指南并不期待周延所有可能的情形，制定指南的主要目的是确定有关贸易影响概念的方法，并为经常发生的情况提供较为确定的指导。指南本身并无法律约束力，但期待为法院以及各成员国的相关主管部门提供援引条约第81条及第82条规定的有关贸易影响概念的一般指导。[2]

---

[1] European Commission, Guidelines on the Effect on Trade Concept Contained in Articles 81 and 82 of the Treaty,（2004/C 101/07）, Part 1. Introduction, 1, 2.

[2] Ibid.

《豁免指南》是欧盟委员会制定的解释《欧共体条约》第 81 条第 3 款中有关违反 81 条第 1 款规定情形的例外规定。该指南旨在对第 81 条第 3 款中所包含的例外情形进行进一步的解释，主要提出如何将第 81 条适用于私人案件中。与《贸易影响的概念指南》类似，《豁免指南》也不具备法律约束力。[1]

依据欧共体《第 1/2003 号条例》第 23 条第 2 款 a 项的规定，委员会可以对企业或者企业协会因故意或者疏忽而违反《欧共体条约》第 81 条或者 82 条的行为处以罚款。[2]2006 年《罚款确定方法指南》便是在此基础上制定并公布的。值得指出的是，该指南的前一版本是 1998 年的《罚款确定方法指南》，2006 年修订的原因是经历了多年的实践积累之后，委员会获得了足够的经验，因此有必要对其罚款政策进行进一步的完善。[3]

2. 有关企业合并的指南

欧盟 2004 年《水平合并分析指南》的目的在于，有关企业在同一市场上是实际的或者潜在的竞争者的情况下，对委员会如何评估“集中”提供指导。在此指南中，合并特指横向合并。该指南在于提供欧盟委员会评估横向合并时使用的分析方法，但并不提供适用该方法的所有可能的详细信息，委员会适用该方法时将依据不同案件的特定事实和情形进行相关判断。[4]

《非水平合并分析指南》主要针对“非水平合并”的情形，而非水平合并又可以分成两种宽泛的类型，即纵向合并和联合企业合并。纵向合并涉及在不同供应链层面的公司，例如某产品制造商与供销商的合并；而联合企业合并是指公司之间的合并，这种公司既非纵向关系，也非水平关系。[5]

---

[1] European Commission, Guidelines on the Application of Article 81（3）of the Treaty,（2004/C 101/08）, Part. 1, introduction, 1, 2, 4.

[2] European Commission, Guidelines on the Method of Setting Fines Imposed pursuant to Article 23（2）(a) of Regulation No 1/2003（2006/C 210/02）, Part 1, Introduction, 1.

[3] Ibid., at 2.

[4] European Commission, Guidelines on the Assessment of Horizontal Mergers under the Council Regulation on the Control of Concentrations Between Undertakings（2004/C 31/03）, para.5.

[5] European Commission, Guidelines on the Assessment of Non-Horizontal Mergers under the Council Regulation on the Control of Concentrations Between Undertakings（2008/C 265/07）, para.5.1-5.

3. 有关滥用行为的指南

《建立欧共体条约》第 82 条规定禁止滥用支配地位，依据判例法，企业具有市场支配地位本身并不违反法律规定，具有市场支配地位的相关企业也有权利用这种地位带来的优势进行竞争，但是相关企业应承担特别义务，即不能破坏共同市场上的有秩序竞争。以此为基础，欧盟委员会于 2009 年制定《支配地位企业滥用排他性行为指南》，目的在于对委员会援引第 82 条的规定对支配地位企业滥用排他性行为进行优先实施提供指导，该指南还期待提供更高的清晰度和更大的可预测性，以便委员会在确定是否应该处理涉及各种形式的排他性行为的案件时使用的一般分析框架，帮助企业更好地评估某些行为是否属于可能导致委员会根据第 82 条进行干预的情形。[1] 2010 年《垂直限制指南》阐明了评估纵向协议的基本原则，表明该指南平等适用于《欧盟运行条约》第 102 条规定的纵向协议的相关事项。[2]

综上可见，作为世界上市场经济最为发达的国家和地区，美国和欧盟针对反垄断法的实施制定了诸多的一般性指南，这些指南虽然涉及的内容不尽相同，但是其共同特征在于适用于所有行业领域。除了美国和欧洲之外，其他市场经济国家例如澳大利亚、日本等也制定了诸多一般性指南。以日本为例，自 20 世纪 70 年代以来，为促进经济转轨，日本开始制定禁止垄断法实施指南（如 1977 年《有关解释垄断状态中的具体经营范围的指南》），这一做法在新世纪以来得到明显的加强。截至目前，日本的禁止垄断法实施指南有 20 多部，可分成不同类别，有关反垄断法实施的一般指南涉及对经营范围的解释、商业联合、企业合并等。

二、特殊行业反垄断法实施指南

美国、欧盟等还针对特殊行业制定了反垄断法实施指南。较为具有代表性

[1] European Commission, Guidance on the Commission's Enforcement Priorities in Applying Article 82 of the EC Treaty to Abusive Exclusionary Conduct by Dominant Undertakings（2009/C 45/02）, Introduction.

[2] European Commission, Guidelines on Vertical Restraints（2010/C 130/01）.

的有美国司法部和联邦贸易委员会联合发布的《知识产权许可反垄断指南》和欧盟委员会发布的《技术转让协议指南》等。此外，关于特定行业，美国和欧盟等也出台了为数不少的指南，例如美国司法部和联邦贸易委员会发布的有关卫生保健行业的指南，例如 1994 年发布的《关于卫生保健业反垄断分析原则的实施政策声明》，欧盟委员会 2002 年发布的《电信网络服务的市场分析和显著市场力评价指南》等。下文则以这些指南为例，对美国以及欧盟的特殊行业反垄断法实施指南进行分析。

（一）有关知识产权许可的反垄断法实施指南

1995 年，美国司法部和联邦贸易委员会联合发布了《知识产权许可反垄断指南》，该指南阐明了司法部和联邦贸易委员会有关受保护的专利权、版权、商业秘密和专有技术等知识产权许可问题上的反垄断法实施政策。通过确定这些政策，执法机构希望能够帮助相关主体预知某些行为是否为执法机构要予以干预的反竞争行为。当然，《知识产权许可反垄断指南》并无法消除执法者在反垄断执法过程中自由裁量权的行使，该指南设定的标准仅适用于不可预见的情形，不同案件应依据其自身的特定事实进行判定，指南应予以灵活、合理地援引。[1]2017 年，美国司法部及联邦贸易委员会就该指南的修改问题向公众公开征集意见拟修改指南，原因是 1995 年《知识产权许可反垄断指南》制定已有二十余年，通过对其实施，两大执法机构已经积累了更多的反垄断执法经验以及政策制定的专业知识。一般认为，2017 年修改是对经验和知识的体现，力图更多的反映现实问题。[2] 此外，2013 年 1 月，美国发布了《关于自愿遵守公平、合理和无歧视原则承诺的标准必要专利的救济措施的政策声明》。

针对知识产权反垄断问题，欧盟也制定了相关指南。其中，2004 年《技术转让协议指南》旨在阐明《欧共体条约》第 81 条有关技术转让协议的评价和判定原则。技术转让协议涉及技术许可，其中许可人允许被许可人通过使用被

[1] Antitrust Guidelines for the Licensing of Intellectual Property Issued by the U.S. Department of Justice and the Federal Trade Commission, April 6, 1995.

[2] 朱月仙 . 美国修改知识产权许可反垄断指南［EB/OL］.（2016-8-15）［2018-12-30］. http://www.casip.ac.cn/website/ipr/iprnewsview/1199.

许可的技术进行产品生产或提供服务，而相关内容则被规定在欧共体委员会在援引条约第 81 条第 3 款有关技术转移协议规定的基础上制定的第 773/2004 号条例（TTBER）中。2004 年《技术转让协议指南》的目的在于为 TTBER 规定范畴之内及其之外的技术转让协议提供指导。[1]

除了美国和欧盟之外，其他国家如澳大利亚、日本等也制定了有关知识产权许可的反垄断法实施指南，例如澳大利亚于 20 世纪 90 年代发布的《有关贸易行为法适用于知识产权领域的背景文件》等，可见制定知识产权许可反垄断法实施指南已是世界主要国家的通常做法。在我国，《反垄断法》第 55 条确定了该法适用于知识产权领域的基本原则，但是如何对该条款进行合理解释和正确适用，还有许多具体问题需要解决，研究者也在不断强调制定我国知识产权许可反垄断法实施指南的必要性。[2]

（二）特定行业反垄断法实施指南

特定行业反垄断法实施指南包含的内容极为丰富，不同国家和地区就不同行业制定了数量众多的实施指南。

例如，美国制定的有关于卫生保健业、人力资源、网络安全、农业以及自然灾害应对等领域的实施指南。在卫生保健业，美国司法部和联邦贸易委员会于 1993 年发布了 6 份有关医疗保健领域合并和各种联合活动的反垄断执法政策声明。当两机构签署上述声明时，便意识到了制定补充声明的必要性，并承诺将在未来制定修改和补充政策性声明。依据两部门的自身实践以及收到的有关 1993 年政策声明的评论，两部门于 1994 年对医疗保健业反垄断政策声明进行了修改和补充。自 1994 年医疗保健业反垄断政策声明发布之后，为应对消费者需求和市场竞争，医疗保健市场不断发生变化，医疗保健联合活动开始出现变化，供应商不断涌现，以满足消费者、医疗服务购买者或付款人更高效提供高质量医疗服务的愿望。在此期间，两部门在涉及医疗服务联合提供者活动

[1] Commission Notice Guidelines on the Application of Article 81 of the EC Treaty to Technology Transfer Agreements（2004/C 101/02）.

[2] 具体参见王先林．关于制定我国滥用知识产权反垄断指南的若干思考［J］．价格理论与实践，2015（10）：25-29.

的安排方面获得了额外的经验。由于这些发展，两部门决定对1994年医疗保健业反垄断政策声明作出相应的修改，于1996年发布了《卫生保健业反垄断实施政策声明》。后来，两部门意识到制定医疗保健行业反垄断法实施指南的必要性，并将继续根据需要对相关指南及政策进行修改和补充。2011年10月，美国执法机构又发布了《关于责任护理组织参与医疗共享储蓄计划的反垄断实施政策声明》。

此外，美国特定行业的反垄断法实施指南还有：（1）在人力资源市场方面，2016年10月，美国司法部和联邦贸易委员会发布了《对人力资源行业人员的反垄断指导意见》。2016年10月，两个执法机构联合发布了《雇佣行为反垄断危险信号》。（2）在网络安全应对方面，美国于2014年4月发布了《网络安全信息分享问题的反垄断政策声明》。（3）在农业领域，1999年，美国司法部、联邦贸易委员会和农业部达成谅解备忘录，以明确三方之间的执法合作。（4）在自然灾害应对方面，2005年9月，美国司法部和联邦贸易委员会联合发布了《柯特妮娜和丽塔飓风相关反垄断指导意见》；2017年9月，又发布《哈维和厄玛飓风相关反垄断指导意见》。

在欧盟，特定行业的反垄法实施指南也较多，主要有《电信网络服务的市场分析和显著市场力评价指南》《农业领域国家援助指南》《机场融资和地方机场对定期航线的启动援助的指南》《铁路企业国家援助指南》《海上运输指南》《汽车修理销售和汽车零部件销售协议垂直限制指南》等。例如，2002年，欧盟制定《电信网络服务的市场分析和显著市场力评价指南》[1]，其目的在于为国家监管机构（NRA）制定在电子通信网络和服务新监管框架下的市场分析和有效竞争中使用的原则。该指南旨在指导国家监管机构行使其界定市场和评价显著市场力的新职责，具体有如下方面的内容：（a）市场定义；（b）对显著市场力的评估；（c）显著市场力指定；（d）与所有这些有关的程序性问题。

[1] Commission Guidelines on Market Analysis and the Assessment of Significant Market Power under the Community Regulatory Framework for Electronic Communications Networks and Services（2002/C 165/03）.

总的看来，构成反垄断实施指南的体系包括一般适用指南及特殊指南。一般适用指南对于所有行业或者领域适用，以合并指南为代表，对此美国、欧盟及诸多市场经济国家都已有相关实践。特殊指南涵盖内容较多，其中与知识产权反垄断法实施相关的指南在诸多国家中可以找到相关实践，与特定行业相关的反垄断法实施指南则依据不同国家或地区的具体情形有所差异，种类也相对较为复杂。

第二节　建构规范问题

一、建构周期问题

（一）建构周期与经济发展阶段的关系

从建构周期看，一个国家的经济发展方式转变的广度、深度决定了该国反垄断法实施指南体系建构的时间周期。经济发展方式转变越快，涉及领域越广，反垄断法实施指南建构的周期应越短。

值得注意的是，反垄断法实施指南的建构周期与经济发展周期并不相同。经济发展周期是指经济总是按照繁荣—衰退—萧条—复苏的阶段变化，或者是先扩张再收缩。但是，在一个经济周期内部，并不一定存在经济发展方式转变；在前后两个周期之间，也不一定存在经济发展方式转变。也就是说，经济发展方式转变是巨大的经济发展阶段的转换，是质的变革，而不是量的变化。

因此，反垄断法实施指南的建构周期应与经济发展方式转变相协调，而不是与经济周期相协调。原因是经济发展方式发生转变，存在反垄断法实施指南建构需求；经济周期的发展，并不一定带来新的反垄断法实施指南变革要求。

（二）美欧反垄断法实施指南的建构周期分析

在企业合并领域，美国分别于 1968 年、1982 年、1984 年、1992 年、1997 年、2010 年对《横向合并指南》进行了建构。其间，最短的时间间隔为 2 年，有的为 5 年，有的为 8 年，有的为 14 年。值得注意的是，其中两次指南的建构周期为 14 年，出现了惊人的相似。

在知识产权领域，美国《知识产权许可反垄断指南》于 1995 年制定，2017 年修订，建构周期为 22 年。

在跨国经营领域，美国于 1977 年发布了《跨国经营反垄断指导意见》，1988 年发布了《跨国经营反垄断实施指南》，1995 年发布了新的《跨国经营反垄断实施指南》，2017 年则发布了《反垄断国际实施与合作指南》，其间的时间间隔分别为 11 年、7 年、22 年。

在卫生保健领域，美国于 1993 年就发布了《卫生保健业反垄断实施政策声明》，并于 1994 年修订、1996 年完善，建构时间间隔为 1 年、2 年。

欧盟于 1996 年发布了《欧盟委员会关于卡特尔案件罚款减免的通告》，2002 年、2006 年进行了修改，时间间隔分别为 6 年和 4 年；1998 年发布了《罚款确定方法指南》，2006 年进行了修订，时间间隔为 8 年。

综上可见，美国和欧盟的反垄断法实施指南的建构时间间隔有长有短，最短为 1 年，最长为 22 年，通常为 10 年左右。

（三）建构时期选择应注意的问题

（1）建构时期应根据经济发展需要确定。如前所述，反垄断法实施指南是为回应经济社会发展而制定完善的。因此，若经济发展方式发生改变，先前发布的反垄断法实施指南不再符合社会发展需要，应及时更新。

（2）建构周期跨度不宜太长。原因是经济发展方式转变周期通常不会太长，反垄断法实施经验也不断形成和更新。从目前美国和欧盟的经验看，反垄断法实施指南的建构周期跨度最长为 22 年。

（3）建构周期通常不宜过短。原因是经济发展方式转变周期更新不可能太短。另外，太短周期内就再次修订反垄断法实施指南也不严肃和庄重。

二、建构主体问题

从建构主体看，指南的制定主体一般是具体实施反垄断法的机构，这是反垄断执法权配置的应有之义。各国的反垄断执法权配置模式不同，指南的制定主体也不同。

（一）单一建构主体与多元建构主体

目前，大多数国家或地区也都由单一主体建构反垄断法实施指南。即使是采取两个以上主体建构的方式，也都是采取联合发布的方式进行建构，如美国司法部和联邦贸易委员会联合发布反垄断法实施指南就是例证。采取多元建构主体的方式会导致规则冲突，会给市场带来不确定性指引。在我国，根据国务院 2017 年《规章制定程序条例》第 37 条，制定规章应当符合精简、统一、效能的原则，相同或者相近的职能应当规定由一个行政机关承担。这表明，反垄断法实施指南建构主体为单一主体较为合理。

（二）中央建构主体与地方建构主体

若一个国家存在地方政府拥有地方反垄断法实施权，通常会带来地方反垄断法实施机构是否有反垄断法实施指南建构权的问题。显然，若地方反垄断法实施机构承担反垄断执法职责，却又不发布实施指南，则不利于其与市场主体的交流，不利于增加执法的透明度。但从权威性角度看，地方反垄断法实施机构不宜享有反垄断法实施指南建构权，因为其规则制定的正当性基础较为缺乏。从知识经验看，地方反垄断法实施机构也不宜享有反垄断法实施指南建构权，因为其经验不可能丰富于中央层级的反垄断执法机构。值得注意的是，我国一些地方政府部门已有制定发布反垄断法实施指南的情况，这并不是较为规范的做法。如果每个地区都有权制定发布反垄断法实施指南，反垄断法的实际运行规则将各不相同，可能会导致地方保护主义，不利于反垄断法的统一实施，不利于我国统一市场的形成。

三、建构程序问题

从建构程序看，反垄断法实施指南的制定并无固定的程式，但采取类似立法的程序制定，以拟定草案、征求意见、讨论、通过、公告的步骤形成更为理性。其中，应扩大社会参与，必要时进行听证，以实现程序正义。

（一）反垄断法实施指南建构程序实践分析

总体而言，美国和欧盟在反垄断法实施指南建构方面也采取了严格的程序，其严格性并不逊色于正式立法。在美国，反垄断法实施指南的关键程序是征求意见。例如，关于最新的《横向合并指南》的修订，司法部和联邦贸易委员会的程序是公开透明的。两执法机构于 2009 年 9 月 22 日发布了关于现行指南的一系列问题和可能的修正的文件，且征求社会公众的评论和初步分析，然后主办 5 次研讨会。研讨会向社会公众和媒体公开，具体于 2009 年 12 月至 2010 年 1 月期间进行，地点分别在华盛顿、芝加哥、纽约、旧金山和华盛顿。2010 年 4 月 20 日，两执法机构发布了正式的指南修订版本草案，征求意见时间为 30 日，截至 2010 年 5 月 20 日。最终提交的公众评论意见分 32 部分，不过其中最后一份意见提交于 2010 年 7 月 16 日。而正式的指南公布时间则是 2010 年 8 月 19 日。[1]关于对《知识产权许可反垄断指南》的修订，美国司法部和联邦贸易委员会于 2016 年 8 月 12 日就公开了建议稿，并向社会公众征求意见，利益相关主体可于 2016 年 9 月 26 日前提交意见，征求意见的时间为 45 日。两家执法机构公开的公众评论意见分别来自学界、私人行业、法学组织和

[1] Federal Trade Commission Seeks Views on Proposed Update of the Horizontal Merger Guidelines [EB/OL].（2010-04-20）[2018-12-30]. http://www.ftc.gov/news-events/press-releases/2010/04/federal-trade-commission-seeks-views-proposed-update-horizontal; Department of Justice and Federal Trade Commission Issue Revised Horizontal Merger Guidelines [EB/OL].（2015-08-24）[2018-12-30]. http://www.justice.gov/opa/pr/department-justice-and-federal-trade-commission-issue-revised-horizontal-merger-guidelines.

非利益组织，共分24部分。经过认真考虑这些评论意见，执法机构最终确定了这次指南更新内容。为了回应希望反垄断法实施指南要更具体地处理其他知识产权许可活动问题的意见，执法机构重申，灵活的以效果为基础的实施框架依然适用于所有的知识产权许可活动。❶关于跨国经营领域反垄断指南的修订，两执法机构于2016年11月1日向社会公开征求意见，公共评论提交截止日为2016年12月1日，共30日。律师、学者、经济学家和其他利害关系人提交了公众评论意见，共分8部分。在通过最终的决定程序中，联邦贸易委员会以3：0的投票结果通过了最终版本的指南。❷

在欧盟，关于《非横向合并指南》的制定，欧盟委员会于2007年2月13日就公布了草案，公开征求意见的时间为3个月，相关利益主体可以在5月12日前提交自己的意见，后来共收到公众评价意见32份。而最终的《非横向合并指南》的公布时间是2007年11月28日。❸又如，欧盟委员会于2013年7月3日提出了《机场和航线国家援助指南（草案）》，并向公众征求意见，征求意见截至2013年9月25日，历时近3个月。而《机场和航线国家援助指南》的正式公布日期是2014年2月20日。❹再如，2009年12月21日，欧盟委员会就《汽车销售维修和汽车零配件分配协议的纵向限制补充指南》的制定问题征求社会公众意见，征求意见时间截至2010年2月10日，而正式的该指南是2010年5月28日发布的。❺

在我国，《反垄断法》授权国务院反垄断委员会制定发布反垄断法实施指南

❶ DOJ and FTC Issue Updated Antitrust Guidelines for the Licensing of Intellectual Property [EB/OL].(2017-03-09)[2018-12-30]. http://www.justice.gov/opa/pr/doj-and-ftc-issue-updated-antitrust-guidelines-licensing-intellectual-property.

❷ Justice Department and Federal Trade Commission Announce Updated International Antitrust Guidelines [EB/OL].(2017-03-09)[2018-12-30]. http://www.justice.gov/opa/pr/justice-department-and-federal-trade-commission-announce-updated-international-antitrust.

❸ Commission Adopts Guidelines for Merging Companies with Vertical or Conglomerate Relationship [EB/OL].(2007-11-28)[2018-12-30]. http://europa.eu/rapid/press-release_IP-07-1780_en.htm?locale=en.

❹ Consultation on the Draft Guidelines on State Aid to Airports and Airlines [EB/OL].(2013-07-03)[2018-12-30]. http://ec.europa.eu/competition/consultations/2013_aviation_guidelines/index_en.html.

❺ The Future Competition Law Framework Applicable to the Motor Vehicle Sector [EB/OL].(2009-12-21)[2018-12-30]. http://ec.europa.eu/competition/consultations/2010_motor_vehicles/index.html.

的权力，但是并未规定其制定发布反垄断法实施指南的程序。实践中，相关主体也基本遵循了程序公开原则。例如，2009 年 1 月 7 日，商务部反垄断局代表反垄断委员会办公室公布了关于征求对《关于相关市场界定的指南（草案）》意见的通知，采取网上征求意见的方式，并提供了联系电话和邮箱，意见反馈截止日期是 2009 年 1 月 31 日。从结果看，实际上只有两个主体提出了 3 条建议。[1]其中的问题是，征集意见的时间短，不够规范，实际上仅有 23 天，征集的渠道也不合理。此外，反垄断委员会办公室在 2009 年 5 月 24 日正式公布该指南前未对有关建议进行答复及说明采纳情况。2017 年 3 月 23 日，反垄断委员会办公室公开征求对《关于滥用知识产权的反垄断指南（征求意见稿）》的意见，明确向社会公开征求意见，社会公众通过电子邮件方式提交意见，且应在 2017 年 4 月 21 日前反馈。显然，其中的时间设定也不规范。值得注意的是，国家发展改革委起草的《行业协会价格行为指南（征求意见稿）》采取了通过门户网站征求意见的方式，社会各界人士可通过网上留言等方式对该指南的框架结构、适用范围、豁免条款、与上位法衔接以及文字表述等方面提出意见建议，时间周期为 2017 年 3 月 24 日至 4 月 24 日。[2]不过，国家发展改革委办公厅《商业银行收费行为执法指南》以及商务部反垄断局《关于经营者集中申报的指导意见》和《关于经营者集中简易案件申报的指导意见（试行）》，在发布前并没有经过征求意见程序。

（二）反垄断法实施指南的建构程序探讨

1. 关于程序的规范性

本书认为，从规则制定发布规范性角度看，制定发布反垄断法实施指南应遵守正式规则制定的程序。在我国，具体可以参照《立法法》和国务院《规章制定程序条例》进行规范。根据我国《立法法》第 66 条至第 71 条，制定行政法规有以下程序：（1）制定立法计划与立项。国务院法制机构应当根据国家总

[1] 《关于相关市场界定的指南（草案）》征求意见［EB/OL］.（2009-01-20）［2018-12-30］. http://interview.mofcom.gov.cn/mofcom_interview/front/advice/list?mofcom_no=240.

[2] 关于《行业协会价格行为指南（征求意见稿）》公开征求意见情况的通告［EB/OL］.（2017-04-25）［2018-12-30］. http://www.ndrc.gov.cn/gzdt/201704/t20170425_845231.html.

体工作部署拟订国务院年度立法计划，报国务院审批。国务院有关部门认为需要制定行政法规的，应当向国务院报请立项。（2）起草与征求意见。行政法规由国务院有关部门或者国务院法制机构具体负责起草，在起草过程中应当广泛听取有关机关、组织、人民代表大会代表和社会公众的意见。行政法规草案应当向社会公布并征求意见，但是经国务院决定不公布的除外。（3）审查。起草单位应当将草案及其说明、各方面对草案主要问题的不同意见和其他有关资料送国务院法制机构进行审查，国务院法制机构应当向国务院提出审查报告和草案修改稿。（4）决定和签署。行政法规的决定程序依照《国务院组织法》办理，由总理签署国务院令公布。（5）公布。行政法规签署公布后，及时在国务院公报和中国政府法制信息网以及在全国范围内发行的报纸上刊载。根据国务院《立法法》第83条，部门规章的制定程序与制定行政法规基本相同，也包括上述5个步骤。略有不同的是，部门规章应当经部务会议或者委员会会议决定，由部门首长签署命令予以公布，签署公布后，及时在国务院公报或者部门公报和中国政府法制信息网以及在全国范围内发行的报纸上刊载。对此，根据国务院2017年《规章制定程序条例》第2条，规章的制定程序包括立项、起草、审查、决定、公布、解释等。因此，为规范制定程序，反垄断法实施指南的制定发布也应有立项、起草、审查、决定、公布5个程序。

2. 公开问题

公开包括过程公开和结果公开两个方面。但是，反垄断法实施指南的建构程序不可能完全公开。例如，决定、公布等程序主要为短时程序，程序一般不公开。而立项、审查、起草可能做到过程公开，例如为起草而开展的走访、调研、听证、征集意见过程都可以公开。公开程序可以体现制定过程透明，实现程序正义，维护社会和谐。

3. 公众参与问题

公众参与反垄断法实施指南的建构主要为潜在垄断行为人、潜在垄断受害人提供参与制定程序的机会。公众参与程序主要体现在反垄断法实施指南的立项和起草阶段，最多的情形是在起草阶段发挥积极作用。总体而言，公众参与反垄断法实施指南起草有以下方式：（1）接受起草工作人员的咨询询问；（2）参加听证会发表对制定指南的建议；（3）发表对征求意见稿的建议。当然，每个阶段都具有重要性。不过，当前我国采用较多的是公众发表对反垄断法实施指南征求意见稿的建议程序。

第三节 相关关系处理

一、美国反垄断法实施指南与其他法律渊源的关系

在美国，反垄断基本法律主要包括《谢尔曼法》《克莱顿法》和《联邦贸易委员会法》。但是，判例法也是美国反垄断法律体系的重要组成部分。因此，美国反垄断法实施指南的制定、发布须与基本法律和判例法形成良性的关系。

如前所述，美国的反垄断法实施指南主要涉及企业合并、知识产权、跨国经营、竞争者合作、卫生保健业、农业、网络安全等领域。比较而言，影响较大的主要是企业合并、知识产权、跨国经营方面的反垄断法实施指南。这些领域的指南的制定发布都是由于反垄断基本法律规定存在模糊性。美国控制企业合并的反垄断成文法渊源是《克莱顿法》第7条，但该条只对企业合并反垄断控制作了原则性规定，因此早期美国企业合并反垄断执法的任意性非常大。于是，美国司法部于1968年制定第一部企业合并指南，即1968年《横向合并指南》，对执法部门可能禁止的合并类型及理由进行了分析说明。此后该指南经历了1982年、1984年、1992年、2010年等多次修改。在知识产权领域，《谢尔曼法》《克莱顿法》和《联邦贸易委员会法》也都没有明确规定知识产权的反垄断法问题，因此美国《知识产权许可反垄断指南》对基本法律的适用做出了解释。但是该指南涉及与专利法、版权法、技术秘密法、商业秘密法的关系处理问题。而《跨国经营反垄断实施指南》要复杂得多，涉及《谢尔曼法》《克莱顿

法》和《联邦贸易委员会法》、1982 年《外国贸易反垄断改进法》（*The Foreign Trade Antitrust Improvements Act of 1982*）、1976 年《哈特·斯科特·罗迪诺反垄断改进法》（*Hart-Scott-Rodino Antitrust Improvements Act of 1976*）、2004 年《反垄断刑事处罚提升和改革法》（*Antitrust Criminal Penalty Enhancement and Reform Act of 2004*）、《国际反垄断实施协助法》（*International Antitrust Enforcement Assistance Act*）、《国家合作性研究与生产法》（*National Cooperative Research and Production Act*）、《韦伯·波默林法》（*Webb-Pomerene Act*）、1982 年《出口贸易公司法》（*Export Trading Company Act of 1982*）、《威尔森关税法》（*Wilson Tariff Act*）、1974 年《贸易法》的 301 条款（Trade Act of 1974，Section 301）。不过，《跨国经营反垄断实施指南》目的并不在于创设任何权利，无论是实体的还是程序的，无论是任何部分任何方式法律实施的，无论是民事的还是刑事的。因此，该指南并不与基本法律冲突。我们注意到，美国反垄断法实施指南的发布有联合发布的方式，例如诸多反垄断法实施指南是司法部和联邦贸易委员会联合发布的，这既避免了执法机构之间的权力冲突，也避免了对各自所执行的法律之间的冲突。又如，反垄断执法机构还与其他部门联合发布指南，例如美国司法部、联邦贸易委员会和农业部于 1999 年达成谅解备忘录，以明确三方之间的执法合作，避免反垄断法实施指南与其他基本法律的冲突。

关于美国反垄断法实施指南与美国判例法的关系十分复杂，其中至少包括以下问题：一是反垄断法实施指南是否应遵守判例法？二是反垄断法实施指南制定后对司法审判是否有法律效力？三是反垄断法指南与司法审判究竟是一种怎样的关系？

关于第一个问题，分析如下。严格地说，美国是判例法国家，除了基本法律外，判例也是其重要的法律渊源，因此司法部和联邦贸易委员会理应遵循判例而制定反垄断法实施指南。还有一个原因是，美国的反垄断法实施，无论是公共实施还是私人实施都是法院主导，要经过法院程序。因此，若反垄断法实施指南不遵循判例，其效力也会受到法院的挑战。所以有研究指出，如果在没有新的反垄断法案下去制定正式立法规则，行政机构制定权会受到已有判例的限制。❶但是，我们注意到，美国诸多反垄断法实施指南的部分内容也是总结实践经验（含审判实践经验）而形成的，但也有一些不同于某些判决的内容。例如，1968 年《横向合并指南》阐述的企业集中度分析方法、1982 年《横向合并指南》阐述的 HHI 分析方法等都是不同于传统司法判决的做法。又如，1992 年《横向合并指南》再次强调较广市场内更窄产品分类的分析意义，但是并没有使用子市场（Submarket）的术语，也没有坚持为界定子市场边界应遵守的一般法律标准。❷在 Baker Hughes 诉讼中，司法部反垄断司为了挑战根据高市场集中度而形成表面证据的案件，提出了“市场进入不得不是迅速有效的”的观点，但地区巡回法院否决了这一观点，1992 年《横向合并指南》则采用了其被法院驳回的观点，明显与判例法不同。❸又如，1992 年《横向合并指南》对于失败公司抗辩阐明了第四个因素，即若无此并购，失败公司自称将退出市场。这显然偏离了 Citizen Publishing 判决的三要素标准。❹所以，我们不难看出，反垄断法实施指南并未完全遵从司法判例。其中的原因有三：一是美国反垄断法是以成文法为主的体系，司法判例也只是对成文法的适用结果，反垄断法实施指南则是行政执法机关的执法经验总结，但都是对成文法的具体适用解释，因此很难说何者更合理。二是反垄断判例法也在变化，存在诸多不一致的情况，这为反垄断法实施指南不遵从一些判决提供了可能性，因为在司法判决存在冲突时反垄断法实施指南只能尊重其中的部分判例而忽略其他情形。三是社会经济在不断变化，法律适用也在不断变化。传统的司法判例在新的条件下需要更新，反垄断法实施指南适应社会经济变化而制定发布也符合司法发展预期。所以，有研究指出，尽管存在免责声明，政府、私人主体甚至法院以类似

❶ GREENE H.Guideline Institutionalization：The Role of Merger Guidelines in Antitrust Discourse［J］. William & Mary Law Review, 2006, 48（3）：771–857, at 843, note 239.

❷ BLUMENTHAL W.Thirty–One Merger Policy Questions Still Lingering After the 1992 Guidelines［J］. Antitrust Bulletin, 1993, 38（3）：593–642, at 626.

❸ BLUMENTHAL W.Thirty–One Merger Policy Questions Still Lingering After the 1992 Guidelines［J］. Antitrust Bulletin, 1993, 38（3）：593–642, at 631–632；United States v. Baker Hughes Inc., 908 F.2d 981, 987（D.C. Cir. 1990）.

❹ BLUMENTHAL W.Thirty–One Merger Policy Questions Still Lingering After the 1992 Guidelines［J］. Antitrust Bulletin, 1993, 38（3）：593–642, at 636–637；Citizen Publishing Co. v. United State, 394 U.S. 131（1969）.

先例的方式（in A Precedent-like Manner）频繁依赖指南。[1]

对于第二个问题，答案十分清楚，反垄断法实施指南对司法判决无法律约束力。这不仅是美国司法至上的传统所致，也是美国反垄断法实施以法院为主导所致。

对于第三个问题，答案则是十分复杂的。总体而言，可以总结为两个方面：一是美国反垄断法实施指南对司法判决存在积极的影响。从历史看，反垄断法实施指南制定发布后，法院逐渐接受了反垄断法实施指南的分析方法。二是司法判决对反垄断法实施指南的形成和发展也起到了重要作用。从这一角度看，反垄断法实施指南似乎与司法判决存在一些步调不一致的情况。例如，有研究指出，在1992年《横向合并指南》通过后，由于经济理论不断进化，司法判例尚未跟进，结果是作为执法机构实践的反垄断法实施指南反映了该实践发展，就出现指南与判例法不一致之处。[2]因此，我们不能苛求完美。

二、欧盟反垄断法实施指南与其他法律渊源的关系

（一）欧盟法律体系

欧盟是拥有独立国际法人格的国际组织，但是与一般的国际组织相比，欧盟拥有超强的内在一体性，拥有不同于一般国际组织的独立法律体系。这一法律体系与欧盟反垄断法（含反垄断法实施指南）密切相关。一般而言，欧盟法律体系由条约及一般原则等高位阶的主要立法以及为执行这些条约而制定的次要立法组成。[3]

---

❶ GREENE H.Guideline Institutionalization：The Role of Merger Guidelines in Antitrust Discourse［J］. William & Mary Law Review, 2006, 48（3）：771-857, at 771.

❷ BLUMENTHAL W.Thirty-One Merger Policy Questions Still Lingering After the 1992 Guidelines［J］. Antitrust Bulletin, 1993, 38（3）：593-642, at 640.

❸ 有关欧盟法律渊源，可参见 Sources and Scope of European Union Law［EB/OL］.（2018-10）［2018-12-30］. http://www.europarl.europa.eu/factsheets/en/sheet/6/sources-and-scope-of-european union-law.

1. 条约及一般原则

现阶段，构成欧盟法律体系下高位阶的法律渊源的条约有《欧盟条约》（TEU）、《欧盟运行条约》（TFEU）及这些条约的议定书等。目前，上述条约共有 37 个议定书、2 个附件和 65 个声明。这些文件旨在阐明条约的细节性内容而附于条约，并不包含在条约正式文本之中。除了条约之外，规定欧盟基本权力的宪章，仍旧作为单独条约生效的《欧洲原子能条约》等也是欧盟法律渊源的第一位阶的内容。此外，欧盟缔结的国际协议也隶属于欧盟法律体系的主要法律渊源范畴，属于第一位阶。

2. 次要立法

欧盟法律体系中属于次要渊源的法律规范只有在与相应的上位法规范（条约及一般原则等）的规定相符合时才有法律效力，具体包括条例（Regulations）、指令（Directives）、决定（Decisions）以及建议和意见（Recommendations and Opinions）等形式。对此，《欧盟运行条约》第 288 条明确规定，为了行使欧盟的权力，欧盟的机构有权制定发布通告条例、指令、决定和建议意见。具体分析如下：（1）条例。欧盟的条例具有普遍适用性，具有完全的法律约束力并可以直接适用。私人、成员国以及欧盟机构等主体必须完全遵守条例规定，且条例在生效后立刻适用于所有成员国且无须经过转化为国内法的程序。一般而言，制定条例主要是为了保障欧盟法律在所有成员国内部可以得到统一适用，且其优先于与之实质条款规定不符的成员国国内法。（2）指令。欧盟的指令对于其所针对的任何或者全部成员国具有约束力，但是允许成员国相关机构自由选择执行的方式和方法。国内立法者应制定相应的转化法律或者“国内执行措施”来转换指令的要求，并使国内法符合指令的目标，成员国公民只有在国内相关转化法律正式通过之后才受相应约束。成员国在将相关指令转化为国内法时有一定的自由裁量权，可以考虑本国的特殊情形。转化应符合指令规定的时间要求。转换指令时，成员国应保证遵守欧盟条约的规定，符合《欧盟条约》第 4 条第 3 款所规定的真诚合作的基本法律原则。（3）决定。决定具有完全的法律约束力。如果决定规定了其所针对的主体（例如成员国、自然人或者法人)，则决定仅对这些主体具有约束力，且仅针对这些成员国或者个人的特殊情形。某成员国的公民只有在该成员国通过相应转化法律的情形下，才能决定赋予成员国的相关权利。决定直接适用的情形与指令相同。(4)建议和意见。建议和意见对其所针对的主体不赋予任何权利和义务，仅就欧盟法的理解和内容提供指导。

(二)欧盟反垄断法实施指南与其他法律渊源的关系

总体而言，欧盟反垄断法实施指南与欧盟法律渊源存在关联，也与欧盟成员国的法律渊源存在联系。相对而言，前者问题相对简单，后者问题相对复杂。

在欧盟层面，欧盟的反垄断法律规则可以分为以下层次：一是《欧盟运行条约》中基本且简短的条款。二是后来欧盟理事会或欧盟委员会通过的一些条例。部分条例包含了实施条约的一般规则，其中就包括规定了欧盟委员会的调查权，其他条例与特殊行为或特殊行业有关。三是欧盟委员会通过的不同形式的非管理性文件(Non-regulatory Documents)，包括通告和指南等。这些文件旨在详细解释欧盟委员会关于一些问题的政策，既包括对反垄断法实体规则的解释，也包括对反垄断法程序问题的解释。[1]这表明，在法律地位上，欧盟的反垄断法实施指南至多属于次要立法，且不得与主要立法相冲突，当然也不能与次要立法中的其他立法相冲突。有研究指出，如果《欧洲共同体条约》第81条第(3)款直接适用，欧盟委员会的指南几乎没有作用。[2]但是，欧盟委员会的通告和指南等类似于国别法中的行政规则或政策声明，但是这些软法在欧盟条约中没有任何提及，《里斯本条约》也没有提及。尽管指南等属于欧盟的内部政策，但值得注意的是这些软法的实践法规体现在欧盟的竞争法中，建议、指南、报告、交流通讯对欧盟委员会的行政程序是有约束力的，欧洲法院有时

---

[1] Antitrust Legislation, European Commission [EB/OL]. [2018-12-30]. http://ec.europa.eu/competition/antitrust/legislation/legislation.html.

[2] KORAH V. White Paper on Modernization and Decentralization of EC Competition Enforcement [J]. International Intellectual Property Law & Policy, 2001,(6): 103-1-103-16, at 103-15.

也依靠“建议”等处理案件。[1]

在欧盟成员国层面，反垄断法实施指南的问题相对复杂。欧盟委员会 1999 年 4 月发布的《〈欧洲共同体条约〉第 85 条和第 88 条实施规则现代化的白皮书》（*White Paper on Modernisation of the Rules Implementing Articles 85 and 86 of the EC Treaty*）就指出，欧盟委员会拟起草更多通告和指南以解释其政策，为成员国执法机构实施共同体竞争规则提供指导。这些工具特别适合解释经济性质的规则，因为其很容易解释竞争规则中的审查标准。这些工具对成员国执法机构没有约束力，但其对共同体法的统一适用非常有价值，因为委员会通过指南确认了有关问题的分析方法。由于总体上受到欧洲法院支持，通告和指南理应成为成员国执法机构适用规则的一部分。[2] 此外，根据《欧盟运行条约》第 4 条的规定，成员国有义务保障欧盟法律规则的一致性，因此具有软法性质的法律渊源对成员国有一定程度的约束力。[3] 如果成员国司法机关抵制指南等软法，将导致成员国竞争执法的不确定性，因为后者通常受到欧盟委员会的决定的约束，而欧盟委员会常按照指南的经济推理方法处理案件。实践中，司法机关在案件审理中处理了诸多指南条款。同时也指出这些“软措施”的内容与硬立法一致，所以这样处理是因为其文本与相关硬法条款一致。[4] 可见，虽然欧盟的反垄断法实施指南对欧盟成员国无法律约束力，但是成员国却有统一实施的必要性，成员国的实践也基本遵循了这一原则。

---

[1] SMYRNOVA K. Rethinking EU Soft Law：New Dimensions in Competition Law［J］. Law Ukraine：Legal Journal, 2013, 2013（3）：125–132 at 129–131.

[2] European Commission, White Paper on Modernisation of the Rules Implementing Articles 85 and 86 of the EC Treaty）, Brussels, 28.04.1999, para.86.

[3] KOVACS A, TOTH T, FORGACS A. Effects of European Soft Law at National Administrative Court［J］. Loyola University Chicago International Law Review, 2016, 14（1）：1–30, at 19.

[4] GEORGIEVA Z. Soft Law in EU Competition Law and Its Judicial Reception in Member States：A Theoretical Perspective［J］. German Law Journal, 2015, 16（2）：223–260, at 224–242.

三、我国反垄断法实施指南与其他法律渊源的关系

尽管我国明确将“反垄断指南”制度写入《反垄断法》，实践中有关部门也积极运用反垄断法实施指南处理案件，但是反垄断法实施指南在我国《立法法》构建的法律渊源体系中并无一席之地。因此，反垄断法实施指南与其他法律渊源的关系有必要厘清。

（一）我国反垄断法实施指南的法律地位困境

1. 反垄断法实施指南的名分不明

根据我国《立法法》，我国法律体系是由宪法、法律、行政法规、部门规章、地方性法规、单行条例、自治条例、地方政府规章、法律解释（立法解释）、司法解释等构成的，其中并无对反垄断法实施指南的对应表述。因此，我国《反垄断法》虽将反垄断法实施指南纳入其中，但在我国所谓正式法律体系中找不到指南类规范性文件的位置，因此其缺乏正式名分。

2. 反垄断法实施指南的位阶不明

由于在我国已有法律渊源体系中缺乏正式名分，因此反垄断法实施指南的法律位阶不明，其出现在《反垄断法》中引起其与其他法律法规的紧张关系。一是反垄断法实施指南与部门规章的位阶关系不清。我国反垄断法实施指南由反垄断委员会制定，而反垄断委员会主任由国务委员担任，国家市场监督管理总局局长和国务院副秘书长担任副主任，委员由 14 个部委的有关负责人担任。这样看来，反垄断法实施指南似乎体现了有关部委的意见。因此，反垄断法实施指南的位阶究竟是高于部门规章、同于部门规章还是低于部门规章，并不清楚。例如，关于知识产权许可的反垄断法实施安全港规则问题，反垄断委员会 2017 年发布的《关于滥用知识产权的反垄断指南（征求意见稿）》第 12 条阐明，在相关市场上除协议各方控制的技术外，若存在 4 个或者 4 个以上具有替代关系的技术，通常不将经营者达成的涉及知识产权的协议认定为垄断协议，但有相反证据的除外。但是，根据原国家工商总局 2015 年制定的《关于禁止滥用

知识产权排除、限制竞争行为的规定》第 5 条，对具有竞争关系的经营者而言，若在相关市场上存在至少 4 个替代性技术，或对经营者与交易相对人而言，若在相关市场上存在至少两个替代性技术，经营者行使知识产权的行为可以不被认定为垄断协议行为，但有相反证据的除外。可见，在替代性技术标准方面，究竟是在相关市场上存在至少 4 个还是两个替代性技术才可以被划入“安全港”，上述两文件存在差异。这给反垄断法实施指南与部门规章的关系处理带来不确定性。二是反垄断法实施指南与有关解释尤其是国务院部委发布的其他规范性文件的位阶关系不清。反垄断执法机关和产业规制机关除制定部门规章外，还可制定发布自己的指南。反垄断法实施指南与国务院部委发布的其他规范性文件的关系就存在复杂性。三是反垄断法实施指南与基本法律、行政法规、地方性法规、单行条例、自治条例、地方政府规章的位阶关系不明。一般而言，反垄断法实施指南不可能突破《反垄断法》，但是可能涉及其他基本法律的适用尤其是管制行业法律的适用问题。反垄断法实施指南是否可能因为其指引反垄断法在管制行业的实施而高于一些基本法律？还是应回归法律认知传统不得突破管制行业基本法律？此外，反垄断法实施指南与行政法规、地方性法规、单行条例、自治条例、地方政府规章相比位阶如何的问题，也难以一一厘清。

3. 反垄断法实施指南的法律效力不明

由于反垄断法实施指南在我国法律渊源体系中并无一席之地，因此其法律效力模糊。在实践中，则存在两种完全相反的情况，有的肯定反垄断法实施指南的效力，有的似乎否定其效力。例如，在我国反垄断委员会发布《关于相关市场界定的指南》后，商务部就依据该指南制定并修订《经营者集中反垄断审查申报表》并要求经营者据此填报，并在一些经营者集中审查决定中明确适用该指南。原国家工商总局在《关于禁止滥用知识产权排除、限制竞争行为的规定》中明确阐明根据上述指南界定相关市场，并在其授权处理的海南省东方市自来水公司垄断案（琼工商处字〔2015〕2 号）、四川久远银海畅辉软件有限公司滥用市场支配地位案（川工商处字〔2017〕7001 号）中具体适用。在国家发展改革委2016年公布的《关于汽车业的反垄断指南（征求意见稿）》中，《关于相关市场界定的指南》也是界定汽车业相关市场的依据。此外，我国法院也纷纷引用该指南进行司法裁决。在北京奇虎科技有限公司诉腾讯科技（深圳）有限公司、深圳市腾讯计算机系统有限公司滥用市场支配地位纠纷一案中，广东省高级人民法院就明确引用《关于相关市场界定的指南》的规定分析该案中的相关市场问题。[1]在最高人民法院公布的2012年知识产权保护创新性典型案例中，无论是北京锐邦涌和科贸有限公司与强生（上海）医疗器材有限公司等纵向垄断协议纠纷上诉案，[2]还是刘某诉湖南华源实业有限公司等垄断纠纷案，[3]都引用了《关于相关市场界定的指南》。据统计，目前我国已有120多个司法案件涉及以《关于相关市场界定的指南》分析相关市场问题。[4]

但是，实践中也有反垄断执法机关和司法机关不承认该指南法律效力的情况。有分析指出，《关于相关市场界定的指南》既不属于行政法规，也不属于部门规章，反垄断执法机关对是否必须按照该指南的规定界定相关市场存在困惑，这在一定程度上导致了相关市场界定实践的混乱，例如国家发展改革委处理顺通公司和华新公司垄断案时和商务部审查英博集团公司收购AB公司案时本应界定相关市场却没有界定相关市场。[5]而《关于相关市场界定的指南》第2条明确阐明，“相关市场的界定通常是对竞争行为进行分析的起点，是反垄断执法工作的重要步骤。”最高人民法院在北京奇虎科技有限公司诉腾讯科技（深圳）有限公司、深圳市腾讯计算机系统有限公司滥用市场支配地位纠纷上诉案的判决书中明确阐明，在反垄断案件审理中，并非在每一个滥用市场支配地位案件中均必须明确而清楚地界定相关市场。[6]这显然与《关于相关市场界定的

[1] 广东省高级人民法院（2011）粤高法民三初字第2号民事判决书。

[2] 上海市高级人民法院（2012）沪高民三（知）终字第63号民事判决书。

[3] 湖南省高级人民法院（2012）湘高法民三终字第22号民事判决书。

[4] 著者以案由“垄断纠纷”和全文字段“关于相关市场界定的指南”在北大法宝“案例和裁判文书”数据库（http://www.pkulaw.cn/case/adv）中检索到121个案件，检索日期：2018年7月23日。

[5] 郑鹏程，刘长云．我国反垄断相关市场界定执法实践检讨与反思——兼论《关于相关市场界定的指南》的不足与完善［J］．中南大学学报（社会科学版），2016（5）：46-51.

[6] 最高人民法院（2013）民三终字第4号民事判决书。

指南》的基调不同。此外，虽然《关于相关市场界定的指南》第 7 条明确阐明，"界定相关市场时，可以基于商品的特征、用途、价格等因素进行需求替代分析，必要时进行供给替代分析。在经营者竞争的市场范围不够清晰或不易确定时，可以按照假定垄断者测试的分析思路来界定相关市场。"但是，在北京锐邦涌和科贸有限公司与强生（上海）医疗器材有限公司等纵向垄断协议纠纷上诉案中，上海市高级人民法院虽引用了《关于相关市场界定的指南》，但有不同认知思维，认为"假定垄断者测试方法是在替代分析原理基础上的定量测度，本质仍然是替代分析，如果运用需求替代分析、供给替代分析能够清晰界定相关市场，就不必再运用假定垄断者测试方法。"[1]

综上可见，由于我国反垄断法实施指南在我国已有法律渊源体系中缺乏正式名分，因此其与有关法律法规的位阶关系不清，法律效力不明，在反垄断执法和司法中易引起混乱。

（二）解决反垄断法实施指南法律地位问题的思路

如前所述，反垄断法实施指南在国外原本是反垄断执法机关制定发布的反垄断法实施解释。我国反垄断法律制度的建构是基于市场经济发展的需要，但其规范性体系的建立不得不借鉴主要发达国家地区的经验，其中就包括反垄断法实施指南制度。根据我国 2007 年颁布的《反垄断法》第 9 条第 1 款，反垄断委员会负责组织、协调、指导反垄断工作，并履行制定发布反垄断法实施指南职责。这样，反垄断委员会不仅享有反垄断工作的组织权和反垄断执法协调权，还有反垄断法实施指南制定发布权。可是，我国反垄断委员会并不是反垄断执法机关。根据我国《反垄断法》第 10 条，国务院规定的承担反垄断执法职责的机构负责反垄断执法工作。这样，我国反垄断执法权和反垄断法实施指南制定发布权就产生了分离。反垄断委员会无反垄断执法权，却负责制定发布反垄断法实施指南；反垄断执法机关具有反垄断执法权，但无权发布反垄断法实施指南。在实践运行中，我国反垄断委员会属于咨询议事机构，既不是国务

[1] 上海市高级人民法院（2012）沪高民三（知）终字第 63 号民事判决书。

院部委，也不是国务院直属事业单位，也不属于其他行政机关。这样，就出现咨询议事机构可以根据《反垄断法》的授权制定发布反垄断法实施指南的情况。可是，《反垄断法》并未明确规定反垄断法实施指南的法律地位。因而，反垄断委员会制定发布的反垄断法实施指南似乎成了新生的另类，难以在已有的法律体系中找到一席之地。这也就导致了反垄断法实施指南与其他法律法规之间的龃龉问题，尤其是反垄断法实施指南与部门规章的紧张关系问题，也引起了反垄断法实施指南的法律效力问题。

解决法律规则的法律地位问题要么从制定发布主体角度解决，要么从法律规则本身入手。在前一种方法无法实施时，只能采取后一种方法。我国将原三大反垄断执法机关的相关权力并入一个反垄断执法机关后，已经基本解决了不同的反垄断执法机关的规制冲突问题，也在较大程度上减少了反垄断法实施指南与多个反垄断执法机关的相关规则的冲突。我们知道，2018 年的国务院机构改革是我国以巨大的勇气和魄力进行的。这次改革的结果是，原三大反垄断执法机关即国家发展改革委、商务部和原工商总局的反垄断执法职能统一整合至国家市场监管总局，实现了我国反垄断执法权的统一，基本解决了原不同反垄断执法机关之间的执法冲突与真空问题。从宏观角度看，这次改革后的局面是反垄断委员会、反垄断执法机关和一些产业规制机关并存。也就是说，反垄断法实施指南的制定发布权仍由反垄断委员会行使。因此，今后反垄断法实施指南的法律地位问题主要是其与国家市场监管总局以及一些产业规制机关的规章规定的冲突问题。可是，期待短期内继续完全整合反垄断委员会、国家市场监管总局和诸多产业规制机关的可能性不大。原因是，根据我国宪法，国务院机构改革一般每隔五年由全国人大会议批准通过。况且，频繁整合规制机构对市场影响较大，若市场主体还未适应新的规制机构时又进行机构整合，会引起规制混乱。因此，近期我国再进行机构改革也不合时宜。即使进行再次整合，也是至少五年或十年后的事情。从目前看，反垄断委员会和反垄断执法机关整合的基础较好，但将我国的诸多产业规制机关也合并进来在目前看来缺乏实践性。

这样看来，在反垄断法实施指南与其他法律法规以及规范性文件的和谐化处理中，明晰化其各自法律地位是唯一方法。只有明晰不同法律规则的法律地位，才能将整个法律体系构建为一个和谐的系统。有研究指出，一个健全的法律体系要做到内外和谐，其评价标准应包括适应性、系统性、层次性、公正性和可适用性五个方面，而法律体系的层次性关注的是上下位阶的法律渊源之间、同一位阶不同法律部门的法律之间在相关内容方面是否存在一致性和融洽性的问题。[1]也就是说，和谐的法律体系的核心在于要厘清不同规范性文件的法律地位，使之形成地位明晰、位阶分明的体系。

我们注意到，我国《立法法》已经构建了一个有序的法律体系，其中各种类型的法律法规的法律地位十分明确。因此，若有新的规范性文件类型出现，最为恰当的方法是在基本不改变现有法律法规的法律地位的同时，厘清“新加入者”的法律地位。故此，在其他法律地位不变的情况下，最为经济的方法是通过解释或立法明确反垄断法实施指南的法律地位。从这一角度看，明晰反垄断法实施指南的法律地位是不二“法门”，或言之，改变其他法律法规的法律地位并不是合理方案。

（三）关于反垄断法实施指南法律地位及相关关系的思考

我国在制定反垄断法实施指南制度过程中充分考虑了中国特殊国情，即我国经济社会发展还处于特殊历史时期，因此我国反垄断法实施指南的法律地位也需要进行特别解释。当我国市场经济发展到一定阶段时，反垄断法实施指南理应归入其最恰当的法律地位。

1. 当前地位：反垄断法实施指南属于跨部门解释，地位高于单一部门规章或解释

本书认为，反垄断法实施指南首先属于行政解释。根据 1981 年第五届全国人民代表大会常务委员会《关于加强法律解释工作的决议》第 3 项决议，不属于审判和检察工作中的其他法律、法令如何具体应用的问题，由国务院及主

[1] 杨解君，张治宇. 迈向“良法”时代的法治中国建设：法律体系的品质提升［J］. 南京社会科学，2015（1）：29-36.

管部门进行解释。而根据我国《反垄断法》，反垄断委员会负责“组织、指导、协调反垄断工作”，可见反垄断委员会虽然不享有行政执法权，但掌管反垄断法的有关事务。据此，反垄断委员会理应有法律解释权。更为重要的是，《反垄断法》第 9 条明确授权反垄断委员会制定发布反垄断法实施指南。这表明，反垄断委员会属于基本法律明确授权的反垄断规则解释主体，于是有研究把《关于相关市场的指南》归类于反垄断法解释。[1] 由于反垄断委员会不可能归于立法机关和司法机关，自然其解释为行政解释。有研究明确指出，反垄断委员会作为一种高层次的国务院议事协调机构，根据《反垄断法》的规定而获得行政主体资格。[2] 因此，反垄断法实施指南属于反垄断委员会对《反垄断法》适用问题的授权解释，既有概括性授权规定可推演，也有专门性授权规定之依据。

更为重要的是，由于反垄断委员会是跨部门的主体，反垄断法实施指南具有跨部门解释的法律地位。原因是，反垄断委员会自成立以来，组成成员绝大多数为国务院相关部委负责人。从目前的反垄断委员会组成看，17 名委员中有 14 名委员来自不同的部门，分别为国家市场监督管理总局、国家发展改革委、工业和信息化部、中华人民共和国财政部、中华人民共和国交通运输部、国务院国有资产监督管理委员会、国家统计局、中国银行保险监督管理委员会、中国证券监督管理委员会、国家能源局、国家知识产权局、中华人民共和国商务部、中国人民银行、中华人民共和国司法部等。从中可以看出，反垄断委员会制定起草的反垄断法实施指南体现了国务院多个部门的意见，蕴含了多个部委局的规则制定发布权。不仅如此，我国反垄断委员会的主任以前由国务院副总理担任，目前由国务委员担任，由国务院副秘书长担任一名副主任。因此，反垄断法实施指南中体现了某种程度上的国务院对多个部委权力的综合考量，这更使得反垄断法实施指南具有跨部门性，而不是多个部门权力简单加权的机构的产物。总之，反垄断法实施指南可以按照超越单一国务院部门的跨部门解释进行理解。当然，反垄断法实施指南的跨部门解释法律属性不同于有关部门的联合解释，后者是两个以上的部门以共同名义发布的解释。

[1] 金善明．反垄断法实施的逻辑前提：解释及其反思［J］．法学评论，2013（5）：16-24.

[2] 李海亮，任进．论国务院机构及其行政主体资格［J］．金陵法律评论，2009（春季卷）：8-14.

按照权力理论，多个部委的权力聚合后形成的主体制定的规范性文件的地位应高于单一部委制定的规范性文件的地位。因此，反垄断法实施指南的地位应高于某个部委制定发布的部门规章，也高于某个部委发布的解释。因此，有分析指出，虽然“反垄断指南”不属于我国《立法法》所规定的任何一种法律规范形式，但由于其发布机构的权威性和内容的实用性，其实际影响力往往要大于同类的规章。[1]另外，值得说明的是，反垄断法实施指南制定的依据是《反垄断法》这部基本法律，适用范围是统一的市场经济领域，制定程序目前也按照程序公开原则征求社会公众意见，并不比某个部委制定发布部门规章或部门解释逊色。因此，综合而论，反垄断法实施指南的制定发布主体的权力来源高于部门规章或部门解释的权力来源，所以反垄断法实施指南的地位要高于后两类。因此，反垄断执法机构和产业规制机构需根据反垄断法实施指南处理案件，其制定发布的规范性文件也不得突破指南的规定。

也许有人会质疑，反垄断法实施指南作为跨部门解释似乎属于非正式法律渊源，而部门规章属于正式法律渊源，为何非正式法律渊源能高于正式法律渊源？本书认为，根据前述《关于加强法律解释工作的决议》，行政解释与立法解释、司法解释一样，属于正式解释，具有法律效力。[2]反垄断法实施指南既然属于行政解释，自然具有法律效力。尽管反垄断法实施指南对市场主体仅有指导作用，但对反垄断执法机构和其他相关执法机构具有法律约束力，这也是我国《反垄断法》授权反垄断委员会制定发布反垄断法实施指南的初衷。另外，反垄断法实施指南是《反垄断法》这一基本法律明确规定的范畴，从这一角度看，反垄断法实施指南并不完全属于非正式法律渊源，而属于特殊的正式法律渊源。从部门规章的角度看，在理论上规章可分为实体性规章、程序性规章和解释性规章，而目前我国的规章实际上多为解释性规章，属于细化法律、行政法规的规定，属于行政解释的范畴。[3]我国《立法法》第 80 条已明确规定，部门规章规定的事项应当属于执行法律或者国务院的行政法规、决定、命令的事

[1] 王先林．关于制定我国滥用知识产权反垄断指南的若干思考［J］．价格理论与实践，2015（10）：25-29.

[2] 王郁生．关于我国法律解释的若干问题［J］．中国法学，1990（4）：49-53.

[3] 鲁夫．行政解释的法律地位与溯及力［J］．工商行政管理，1997（17）：35-37.

项，其他情形的部门规章不得设定减损公民、法人和其他组织权利或者增加其义务的规范。从这个角度看，我国部门规章更多属于行政解释。相比较而言，反垄断法实施指南的解释方法与部门规章的解释方式不同，前者更具体而灵活，后者则更抽象而确定，但都是关于法律适用问题的规范性文件。而根据国务院《规章制定程序条例》第33条，国务院部门对部门规章的制定解释同部门规章具有同等效力。有研究据此认为，制定主体对自己制定的法律文件的解释属于制定解释，其他情形属于应用解释，制定解释的地位高于应用解释。[1]但这也仅仅限于行政诉讼的情形，在其他情形下并非如此。既然如此，我们就不能一概而论地从正式与否的角度处理反垄断法实施指南与部门规章的关系。综合而言，判断反垄断法实施指南与某个部门规章、部门解释的法律地位关系问题，总体上还是应按照规则制定主体的权力来分析，这也符合当前我国反垄断法实施指南制度的国情。

另一个问题是，反垄断法实施指南对法院是否有约束力？根据最高人民法院2009年《关于裁判文书引用法律、法规等规范性法律文件的规定》（法释〔2009〕14号）和《关于审理行政案件适用法律规范问题的座谈会纪要》（法［2004］96号），一般情况下，经审查认定为合法有效的行政解释可以作为裁判说理的依据，而在行政诉讼案件中法律效力等同于部门规章的行政解释属于参照的范围。也就是说，在民事诉讼和刑事诉讼中，行政解释仅仅属于可以作为裁判说理的依据。据此，将反垄断法实施指南按照跨部门解释定位，其在民事诉讼和刑事诉讼中对法院无约束力，在行政诉讼中可作为法院参照的依据。在发达国家地区，反垄断法实施指南对法院没有约束力，[2]但对法院具有帮助作用。[3]因此，反垄断法实施指南总体而言对法院主要起指引作用。但是，这不影响法院在司法审判中将反垄断法实施指南作为一种“规则事实”而引用。

[1] 孙超然．中国行政解释及其在行政诉讼中的适用［J］．公法研究，2014（1）：38-82.

[2] 例如，欧盟委员会2004年《横向合并审查指南》第7段就清晰地说明了这一点。European Commission, Guidelines on the Assessment of Horizontal Mergers under the Council Regulation on the Control of Concentrations between Undertakings（2004/C 31/03）, para.7.

[3] 例如，美国司法部和联邦贸易委员会2010年发布的《横向合并审查指南》第一部分就如此阐述。U.S. Department of Justice and the Federal Trade Commission, Horizontal Merger Guidelines, August 19, 2010, part 1.

综上，在不改变我国已有法律渊源地位的前提下，将反垄断法实施指南归入恰当的位置，理顺了反垄断法实施指南与部门规章的关系。自然地，反垄断法实施指南与其他法律渊源的关系也能依据《立法法》等予以理清。

2. 远期定位：反垄断法实施指南应作为单一部门解释，法律地位同于或低于规章

本书认为，在当前的体制中，我国反垄断法实施指南的地位高于部门规章和部门解释的情形具有过渡的性质。从未来看，当我国市场经济发展到一定阶段，竞争政策与产业政策的冲突得到充分消解，竞争规制是主要手段，产业规制的内容大大减少，甚至一些产业规制部门并入竞争规制机构，届时反垄断委员会必将与国家市场监督管理总局合并。由此，统一后的竞争执法机构既是竞争规章制定主体，又是反垄断法实施指南发布主体。届时，反垄断法实施指南就属于单一部门解释：可能属于对部门规章的制定解释，法律地位同于规章；也可能属于应用解释，法律地位略低于部门规章，但限于行政诉讼案件的情形。反垄断法实施指南与反垄断规章的区别在于，前者主要旨在向市场主体提供反垄断法实施指导，内容较为灵活，后者涉及对有关法律和行政法规的细化规定，更多地涉及细化权利、义务、责任性规范，内容较为确定。这样看来，反垄断规章理应比反垄断法实施指南更抽象，反垄断法实施指南比反垄断规章更详细具体。因此，在未来的某个时期，我国反垄断法实施指南应同主要发达国家地区的反垄断法实施指南一样，成为反垄断执法机构制定发布的解释性规则。此外，由同一个主体发布反垄断规章与反垄断法实施指南，两类规则冲突的可能性不大，反垄断法实施指南与其他部门规章发生冲突的可能性也不大，因为竞争规制已经深入人心，产业规制不大可能影响竞争规制。即使有不一致的情况，规制机构可有效协调之，必要时可通过国务院依法处理。

第五章　经济发展方式转变中反垄断法实施指南制度的建构技术

反垄断法实施指南制度的建构技术包括结构技术、语言表达技术和完善技术等方面。反垄断法实施指南的结构技术、语言表达技术、完善技术不同于传统的正式法律渊源的有关技术，其应回应经济发展方式转变需求，尤其是在语言表达和完善方面。

第一节　结构技术

一、反垄断法实施指南的一般结构方法

反垄断法实施指南不是严格意义上的法律，我们不能将反垄断法实施指南与反垄断行政法规、部门规章做同构化处理，传统立法的“八股制式”不符合指南的旨趣。[1]我们知道，关于法律、行政法规、规章的结构安排问题，有关法律和行政法规都作了规定。根据我国《立法法》第61条，基本法律可以分编、章、节、条、款、项、目，法律标题的题注应当载明制定机关、通过日期。经过修改的法律，应当依次载明修改机关、修改日期。而根据国务院2017年《行政法规制定程序条例》第6条，行政法规应当备而不繁，逻辑严密，条文明确、具体，用语准确、简洁，具有可操作性。行政法规根据内容需要，可

[1] 郝俊淇，谭冰玉．竞争政策视域下反垄断指南的定位研究——兼及竞争主管机构的塑造［J］．经济体制改革，2017（5）：195-200.

以分章、节、条、款、项、目。根据国务院2017年《规章制定程序条例》第8条，规章用语应当准确、简洁，条文内容应当明确、具体，具有可操作性。除内容复杂的外，规章一般不分章、节。可见，基本法律由“条款”类规范组成；行政法规不仅由“条款”类规范组成，且要遵循“逻辑严密”的基本要求；规章一般不分章节，实践中也通常由“条款”类规范组成。但是，我国尚无法律法规明确指南类文件的制定要求。因此，对于反垄断法实施指南的结构技术问题，只能进行专门分析。

反垄断法实施指南的目的在于指引市场主体和反垄断法实施者，因此在结构安排上应采取明晰的结构。这就是说，反垄断法实施指南在结构安排上应清晰明了，违反该原则的结构安排会影响反垄断法实施指南的功能发挥。在结构技术方面，反垄断法实施指南一般应按引言、反垄断法的说明、指南的目的、基本原则、分析方法、具体适用分析的顺序安排结构。当然狭义的指南、指导意见、政策声明、通告、危险信号、解释等在结构技术方面又有不同，以下分类分析之。

1. 指南（狭义）

比较而言，不同国家地区以狭义反垄断法实施指南称谓且内容涉及同一领域的反垄断法实施文件不多，但知识产权领域却是其中一个。美国2017年新修订的《知识产权许可反垄断指南》分为6个部分，分别为：（1）知识产权保护和反垄断法；（2）一般原则，内容包括适用于知识产权的标准反垄断分析、知识产权和市场力、知识产权许可对竞争的积极影响；（3）反垄断关切和分析模式，内容包括关切的性质、许可安排影响的市场、横向和纵向关系、评估许可限制的框架；（4）执法机构根据合理原则评估许可安排的一般原则，涉及反竞争影响、效率和抗辩、反垄断安全区；（5）一般适用原则，具体按水平限制、价格维持、搭售、排他性交易、交叉许可和专利池安排、回授、知识产权转让分别分析；（6）无效或不可实施的知识产权。该指南的结构十分清晰，按照从宏观到微观、从一般分析到具体分析的思路展开。欧盟2014年《技术转让协议适用〈欧盟运行条约〉第101条的指南》的结构为：引言、一般原则、豁免条例的适用、豁免条例之外的《欧盟运行条约》第 101 条第 1 款及第 3 款的适用 4 个部分。第 4 个部分又分为三个方面的内容：（1）分析的基本框架、相关因素、限制性许可协议的消极影响、限制性许可协议的积极影响；（2）第 101 条对不同许可限制的具体适用，涉及许可费义务、排他许可和销售限制、产量限制、使用区域限制、自我使用限制、搭售、非竞争义务等；（3）和解协议，专利池等。比较而言，该指南的特色是将豁免问题的适用融入其中。我国 2017 年反垄断委员会公布的《关于滥用知识产权的反垄断指南（征求意见稿）》在结构上增加了“前言”部分，说明了反垄断法与知识产权法的共同目标，阐明了制定该指南的目的（对滥用知识产权行为适用《反垄断法》提供指引，提高国务院反垄断执法机构执法工作的透明度），这使得该指南更具有反垄断法实施指南的形式特征。该指南然后按照“一般问题”（含“分析原则”“分析思路”“相关市场”“排除限制影响的考虑因素”“积极影响需要满足的条件”）“涉及知识产权的垄断协议”“涉及知识产权的滥用市场支配地位行为”“涉及知识产权的经营者集中”“涉及知识产权的其他情形”的顺序分 5 章进行阐述。可见，我国知识产权领域的反垄断法实施指南征求意见稿与欧美的做法存在差异。美国的指南直接从知识产权反垄断法分析角度切入以安排结构，欧盟则把豁免问题作为指南结构安排中的重要部分，我国则主要根据反垄断法基本法律的结构安排内容。

美国司法部和联邦贸易委员会于 2010 年发布的《横向合并指南》在结构上分为总介、竞争负面影响的证据、价格歧视及目标消费者、市场界定、市场参与者、市场份额和市场集中度、单边效应、协同效应、强大购买者、市场进入、效率、失败与资产退出、竞争性购买人合并、部分并购。欧盟 2004 年《横向合并审查指南》则分为引言、概览、市场份额和集中水平、横向合并可能的反竞争影响、对抗性的购买力、效率、失败公司。可见，二者在结构安排上不同，美国的指南的结构较为复杂，而欧盟的指南的结构较为明晰。

美国 2000 年《竞争者合作反垄断指南》的结构为目的、定义和概览、评估竞争者协议的一般原则、评估分析框架、反垄断安全区。欧盟 2011 年的《关于〈欧盟运行条约〉第101条适用于横向合作协议的指南》的结构为：引言、信息交换竞争评价的一般原则、研发协议、生产协议、购买协议、商业化协议、标准化协议。欧盟2010年《纵向限制指南》的结构为：引言、一般不属于第101条第（1）款范围的纵向协议、集体豁免条例的适用、集体豁免的撤销和不适用、市场界定和市场份额计算、个案实施政策（单一品牌、排除性分配、排他性客户分配、选择性分配、特许、排他性供应、先前支付、类别管理协议、歧视、转售价格限制）。因此，美国指南对垄断协议作了统一分析，而欧盟的指南则分别阐述之。

2. 指导意见

美国2016年《对人力资源行业人员的反垄断指导意见》的结构为，反垄断法建立竞争性雇佣市场的规则、雇佣者达成的不招收特定雇员或在赔偿方面不开展竞争的协议是无效的、避免与竞争者分享敏感信息、问答。美国2017年发布的《哈维和厄玛飓风相关反垄断指导意见》的结构为发布指导意见的原因和目的、执法机构的职责问题、反垄断法的适用问题、灾害中的合作应避免垄断问题及例举、执法合作、举报事宜等。

值得注意的是，我国商务部反垄断局发布的《关于经营者集中申报的指导意见》共分30条，未分章节，条目较多，并不能起到清晰地提供指导的作用。中国（广东）自由贸易试验区深圳前海蛇口片区管理委员会《中国（广东）自由贸易试验区深圳前海蛇口片区反垄断工作指引》的结构分为“总则”“执法配合”“后续监管和服务”“附则”4章。值得注意是，该“附则”还阐明该指引的实施日期及有效期（5年）。

3. 政策声明

美国2011年《关于责任护理组织参与医疗共享储蓄计划的反垄断实施政策声明》在结构上分为引言、政策声明的适用、执法机构将采用合理原则分析符合一定条件的医疗组织、执法机构对适格医疗组织的反垄断分析（反垄断安全区、安全区之外的医疗组织）、附录。美国2014年《网络安全信息分享问题的反垄断政策声明》的结构为：网络安全和信息分享概述、信息分享协议的反垄断分析（概述、网络威胁信息分享协议的反垄断分析）。美国2013年《关于自愿遵守公平、合理和无歧视原则承诺的标准必要专利的救济措施的政策声明》尽管没有划分章节，但思路十分清晰，指南的内容包括发布该声明所要解决的问题、专利的积极作用、标准（特别是标准发展组织制定的自愿一致性标准的积极作用）、合作性标准的制定并不是不存在风险、专利拥有人自愿遵守公平、合理和无歧视原则承诺可能影响对侵犯有效和可实施标准行为的救济选择、分析的具体方法等。

4. 通告

欧盟委员会1997年发布的《关于共同体竞争法中的相关市场界定的通告》的结构为：简介相关市场的定义，具体包括相关产品市场和地理市场的界定、相关市场的概念和共同体的竞争政策、界定市场的原则（含竞争限制、需求替代、供给替代、潜在竞争）；界定相关市场的证据，包括产品维度、地理维度、欧盟市场的统一性、收集证据的过程；市场份额的计算；其他考虑因素。值得注意的是，在该通告中，定义部分的需求替代部分和界定相关市场证据部分中的收集证据部分阐明了假定垄断者测试分析方法。欧盟委员会1998年《关于竞争规则适用于邮政行业和评价一些国家邮政服务措施的通告》的结构为：前言、界定、邮政市场的显著界定和地位、交叉补贴、公共企业及其特殊或排他的权利、邮政服务改革、成员国采用的措施、邮政经营者和国家援助、对一般经济利益的服务和评估修改问题。而欧盟委员会2006年的《卡特尔案件罚款减免通告》的结构为：简介、罚款免除、罚款减少、一般考量。欧盟委员会2004年《关于〈欧洲共同体条约〉第81条和第82条个案中新问题非正式指导意见通告》的结构为：《第1/2003号条例》、评价是否发出指导函的框架、请求程序、指导函、指导函的效力。

5. 其他类型

美国司法部和联邦贸易委员会2016年10月联合发布的《雇佣行为反垄

断危险信号》的结构依次为：具有竞争关系的雇主之间在雇佣或保有雇员时达成协议和实施信息交换的行为是违法的、可能存在反垄断关切的行为清单（9类）、清单的非穷尽性、可能的法律责任、向执法机关报告违法行为。欧盟委员会1997年发布的《关于对竞争规则适用于新交通基础设施项目的建议的澄清说明》的结构安排为：简介、追求的目标、审查项目的程序、金融收益和自由接近基础设施的协调。欧盟委员会2004年发布的《竞争总局合并控制程序最佳实践》的结构为，目的和范围、与共同法的关系、预先申报、事实发现（请求信息）、与申报人、相关主体及第三方的交流与会议、救济商谈、委员会文件条款（保密）、参与审理的权利及其他权利、未来的评估修改。美国司法部、联邦贸易委员会和农业部于1999年达成的《谅解备忘录》的结构则为抬头、备忘录正文、生效日期、签字。

总体而言，各类反垄断法实施指南在结构安排方面存在差异，同一类型的反垄断法实施指南也存在差异。但是，各类反垄断法实施指南一般都包括发布该指南的目的、反垄断法实施中的某一问题的处理原则、反垄断法实施的具体分析，有的还附加问答甚至案例进行指引。

二、反垄断法实施指南适用分析部分的结构方法

在反垄断法实施指南具体适用分析部分，反竞争情事分析与安全港分析应兼顾。就特殊行业指南的具体适用分析而言，可按滥用行为、垄断协议、企业合并的类型化顺序分析，也可按生产行业、批发业、零售业的顺序分析，可按特殊行业的具体业务类型分析，也可按照个体经营者、企业经营者、经营者团体的顺序分析，还可按照可能触犯反垄断法的可能性大小进行分析，也可综合以上顺序分析。对于不同领域的指南，应选择最佳的结构方案。

例如，美国2017年新修订的《知识产权许可反垄断指南》的具体分析部分按照水平限制、价格维持、搭售、排他性交易、交叉许可和专利池安排、回授、知识产权转让的顺序进行分析。欧盟2014年《技术转让协议适用〈欧盟运行条约〉第101条的指南》的具体分析部分按照许可费义务、排他许可和销售

限制、产量限制、使用区域限制、自我使用限制、搭售、专利池的顺序安排。而我国2017年反垄断委员会公开的《关于滥用知识产权的反垄断指南（征求意见稿）》的具体分析部分按照"涉及知识产权的滥用市场支配地位行为""涉及知识产权的经营者集中""涉及知识产权的其他情形"的顺序分析，基本按照反垄断法的框架进行分析。有研究曾指出，对于知识产权协议行为，涉及垄断协议行为的应按照原则禁止和法定豁免相结合模式分析，涉及滥用市场支配地位行为的应按照"主体—行为—后果"的逻辑顺序分析，涉及经营者集中行为的应按照是否达到申报标准——是否存在消除、限制竞争的可能性——是否存在法定豁免理由的路径分析。[1]显然，这种思路与反垄断基本法律的结构思路一致，具有一定的合理性。

值得指出的是，如果按照涉嫌违反垄断法的可能性大小进行分析，既可以按法律风险依次增加的顺序阐述，也可以按照法律风险依次减少的顺序阐述。例如，在美国2014年的《网络安全信息分享问题的反垄断政策声明》中，其首先指出网络威胁信息分享可改善效率和帮助保护国家信息网络和资源安全。其次，执法机构将考虑私人主体间分享的网络威胁信息的性质。最后，执法机构将考虑信息交换是否可能损害竞争。一般而言，网络威胁信息分享只包含信息的部分类型，分享此类信息似乎不可能增加参与者提高价格或减少产量、质量、服务或创新的能力或动机。该指南指出，相关反垄断分析主要以事实为基础。再如，国家发展改革委《行业协会价格行为指南》的具体分析结构为"一般不会有法律风险的行为""一般不会有法律风险或者风险较小的行为""法律风险较大的行为""存在很大法律风险的行为""法律风险极高的行为"。又如，国家发展改革委办公厅印发的《商业银行收费行为执法指南》的具体分析结构则按照守法提醒、可能被认定为违法的行为的顺序进行分析。

[1] 孟雁北．规制与规制的限制：透视中国反垄断法视野中的知识产权许可行为［J］．中国社会科学院研究生院学报，2012（1）：82-86.

第二节　表达技术

从表达技术看，鉴于反垄断法实施指南对市场主体的指引性，因此应加大一般生活语词的使用比例，并注意语言的时代性、专业性。

一、生活语言的运用

在反垄断法实施指南中，由于要解释分析反垄断法的适用问题，分析法律如何适用的过程，因此需要采用生活语言。其中，不仅要采用大量的虚词，如连词、副词、介词等，还需要采用一些专门用于反垄断法实施分析的实词，包括名词、动词、形容词等。概括来说，反垄断法实施指南中可能使用的语词包括但不限于：

一是表示分析解释行为的语词。具体有“分析”“识别”“界定”“明确”“判断”“看”“运用”“借助”“校正”“排除”“侧重”“说明”“帮助”“解决”“采用”“关注”“把握”“指导”“具有”“忽视”“取决”等。

二是表示连接前后关系的语词。具体有“只要”“不但”“不仅”“而且”“虽然”“尽管”“如果”“假如”“或者”“还是”“不是”“就是”“那么”“因为”“因此”“但是”“然而”“然后”“接着”“而”“并”“此外”“从而”“否则”“那么”“接下来”“还要”“继续”“随着”“开始”“无论”“首先”“从”“基于”“必要时”“目前”“假设”等。

三是表示解释分析对象的语词。具体有“这些”“方法”“作用”“起点”“步骤”“思路”“透明度”“角度”“风险”“偏差”“各方面”“科学”“合理”“重要”“关键”“流行”“时尚性”等。

四是表示范围与程度的语词。具体有“普遍”“最终”“通常”“始终”“都要”“是否”“较强”“所有”“任何”“何种”“均”“唯一”“基本”“不够”“不宜”“不可”“越可能”“可能”“难以”“主要”“越高”“越强”“越少”“越小”“越迅速”“包括”“不限于”“原则上”“绝对”“明显”。

有分析指出，反垄断法实施指南通常是以第一人称而不是第三人称进行描述，所使用的语气助词大都是“可能”“会”等较为灵活的词汇，这种视角和语气给人的感觉是执法机构的描述真实、可靠、亲近，但我国《关于相关市场界定指南》的叙事角度与语气都较为混乱。[1]本书认为，反垄断法实施指南中的分析是一种与市场主体交流反垄断法适用方法的过程，应当采取第一人称进行阐述较为妥当。但是，为了显现出反垄断执法机构的身份，交代清楚阐述者的身份是十分重要的。

二、时代语言的运用

时代语言是指具有某一时代特征的语言，是随着时代的发展而产生的新语言，也是反映某一行业领域发展的表征符号。因此，时代语言所依托反映的行业领域也存在反垄断法问题，并可能需要制定发布反垄断法实施指南对有关问题进行澄清。这样，时代语言也体现在相关反垄断法实施指南中。例如，美国反垄断执法机构在 2014 年 4 月的《网络安全信息分享问题的反垄断政策声明》（*Antitrust Policy Statement on Sharing of Cybersecurity Information*）中就使用了多种与网络有关的语言，如网络威胁（Cyber Threats）、网络威胁信息（Cyber Threat Information）、网络攻击（Cyber Attacks）、网络空间（Cyberspace）、国家网络安全战略（Nation’s Cybersecurity Strategy）、网络事件（Cyber Incidents）、关键基础设施（Critical Infrastructures）、网络安全的脆弱性（Cybersecurity Vulnerabilities）、网络安全专家（Cybersecurity Experts）、网络安全成本（Cybersecurity Costs）等时代语言。当然，使用这些语言以必要性为原则，也就是说，凡是与反垄断法实施无关的时代语言，不必使用。

[1] 郑鹏程，刘长云．我国反垄断相关市场界定执法实践检讨与反思——兼论《关于相关市场界定的指南》的不足与完善［J］．中南大学学报（社会科学版），2016（5）：46-51.

三、行业语言的运用

反垄断法实施指南可以分为两大类：一是关于反垄断法一般适用问题的指南，二是关于某一行业领域反垄断法适用问题的指南。在后一类型的反垄断法实施指南中，行业语言往往占有一定比例。之所以使用行业语言，是因为反垄断法实施指南若涉及某一具体行业领域，需要分析该行业领域具体业务中的哪些情形可能涉及垄断违法行为，哪些不属于垄断违法情形。由于反垄断法实施指南主要用于指导行业领域的市场主体依法开展市场经营活动，因此在行业领域相关反垄断法实施指南中，行业语言的使用就是十分常见的问题。

例如，在美国1996年《卫生保健业反垄断实施政策声明》（*Statements of Antitrust Enforcement Policy in Health Care*）中，合资医院（Hospital Joint Ventures）、普通急诊医院（General Acute Care Hospital）、乡村医院（Rural Hospitals）、卫生保健设备（Health Care Equipment）、专家门诊服务（Specialized Clinical Services）、住院病人（Inpatient）、人口普查（Census）、高新技术保健设备（High-technology Health Care Equipment）、磁共振成像设备（Magnetic Resonance Imaging Device）、内科医生诊所（Physician Clinics）、医生与医院组织（Physician-Hospital Organization）都体现在该指南中。

又如，在欧盟2010年《关于在销售和维修机动车辆及机动车辆配件分配协议中纵向限制的补充指南》中，配件批发商（Parts Wholesalers）、备件生产商（Spare Parts Manufacturers）、供应商（Supplier）、经销商（Distributor）、机动车辆（Motor Vehicle）、机动车辆售后市场（Motor Vehicle Aftermarkets）、原始配件（Original Parts or Equipment）、质量匹配（Matching Quality）、维修工具（Repair Tools）、诊断设备（Diagnostic Equipment）都有使用。

再如，我国国家发展改革委办公厅《商业银行收费行为执法指南》就使用了诸多金融行业语言，如“收费”“客户”“分支机构”“内部监管”“息费分离”“顾问与咨询”“资金监管”“资产托管”“融资安排”“有偿服务”“信贷业务”“尽职调查”“贷款发放”“支付管理”“贷后管理”“表内资金”“企业融资”“信托”“证券”“融资租赁”“非银行业金融机构”“同业金融机构”“理财”“基金”“贵金属”“网上银行”“手机银行”等。

值得注意的是，在反垄断法实施指南中，行业语言的使用应主要根据反垄断法适用分析的需要而使用。从严格意义上说，某一行业领域的所有环节都可能涉及反垄断法问题，要么存在垄断违法情形，要么不存在垄断违法情形。因此，在相关反垄断法实施指南中需使用行业语言。但是，某一行业领域的反垄断法实施指南不可能穷尽所有事项，而应列明主要的情形进行分析，并采用原则性解释和兜底性解释方法进行补充完善。因此，在反垄断法实施指南中，行业语言的使用也不是无限制的。

四、法律语言的运用

反垄断法实施指南是关于反垄断法实施问题的解释说明，因此其语言自然以法律语言为主。总体而言，反垄断法实施指南中的法律语言可分为两类。

一是普通法律语言，即所有法律规范都可能使用的语言，例如“权利”“义务”“法律责任”“享有”“履行”“主张”“赔偿”“救济”“协商”“调解”“复议”“诉讼”“根据”“制定”“本”“违法”等。

二是反垄断法专门语言，例如，“滥用”“市场支配地位”“垄断”“垄断协议”“经营者集中”“横向合并”“纵向合并”“垄断价格”“掠夺性定价”“歧视”“限定交易”“搭售”“转售价格维持”“抵制交易”“地区封锁”“本身违法原则”“合理原则”“豁免”“除外”“安全港”“剥离”“结构主义”“行为主义”“假定垄断者测试”“赫芬达尔—赫希曼指数”“宽大”“相关市场”“市场份额”“市场集中度”“对市场竞争的影响”等都属于反垄断法的专业术语，在反垄断法实施指南中也是关键组成部分。

当然，在反垄断法实施指南中，无论是普通法律语言还是反垄断法专门语言，都需要具体解释并转化为生活语言，原因在于正式法律语言具有高度的概括性，不便于人们理解。反垄断法实施指南的作用就是将一些正式法律语言转换为更容易理解的生活语言，以指导人们准确理解反垄断法，进而按照反垄断法从事市场行为。

第三节　完善技术

从完善技术看，指南应注意适时修改、废止和系统化，以回应经济社会发展的变化。反垄断法实施指南的修改完善是十分重要的问题，而废止在很多时候是修改中的一个环节；反垄断法实施指南的系统化则是有了较多反垄断法实施指南后的问题，当然也包括将反垄断法实施指南系统化于整个反垄断法法律系统的过程。

一、修改与废止

反垄断法实施指南的修改是指有权机关对已经颁布的反垄断法实施指南进行修缮，以使其更加合法规范的活动。修改的原因是多方面的，有可能是最初的阐释方法和阐述内容存在不足，也有可能是由于随着市场经济的发展，指南和当前的现实不大适应。不管何种原因，对反垄断法实施指南进行适时修改都是必要的。反垄断法实施指南的废止是指有权机关通过某种方式终止已经颁布的反垄断法实施指南效力的行为。废止反垄断法实施指南的原因可能是反垄断法实施指南与宪法、基本法律、行政规范等层级高的法律规范相冲突，也可能是由于反垄断法实施指南不适应社会生活，明显过时。当然，废止某些反垄断法实施指南，也可以使得一个国家整个法律体系保持统一性、系统性，促进反垄断法的时代性，有利于反垄断守法、反垄断执法和反垄断司法。因此，美国和欧盟一般都在反垄断法实施指南的序言或最后部分指出：指南将根据实践发展而进行评估，且不断完善。

（一）美国对反垄断法实施指南的修改与废止

1. 总体情况

一般而言，反垄断法实施指南的修改应由有法律法规颁布权的机关进行。美国司法部于 1968 年发布《横向合并指南》后，历经 1982 年、1984 年、1992 年、

1997年以及2010年的多次修改。《横向合并指南》的每次修订不仅体现了当时政府对于经济的理解，也体现了实际的执法经验。[1]值得注意的，前三个《横向合并指南》都是司法部发布的，而后三个《横向合并指南》则是司法部和联邦贸易委员会联合发布的。而美国的1995年《知识产权许可反垄断指南》是由司法部和联邦贸易委员会联合发布的，2017年的《知识产权许可反垄断指南》也是这两个主体发布的。在跨国经营领域，美国于1995年发布了新的《跨国经营反垄断实施指南》，这是继1977年《跨国经营反垄断指导意见》、1988年《跨国经营反垄断实施指南》之后的第三个该行业的指南。美国于2017年则发布了《反垄断国际实施与合作指南》。与1995年《跨国经营反垄断实施指南》相比，新指南增加了一个国际合作专章，阐明了调查手段、隐私保护、合作的法律基础、信息共享的类型和放弃保密、救济和刑事调查中的特殊考量。该修订反映了反垄断实施在全球化经济中越来越重要，执法机构致力于在政策与调查方面开展国际合作。

2. 典型例举

美国司法部反托拉斯司于2004年10月发布了《合并救济政策指导意见》（*Policy Guide to Merger Remedies*），并于2011年6月进行了最新修订，一改偏好结构性救济的态度，转而特别重视行为性救济。2004年《合并救济政策指导意见》阐述了美国司法部在经营者集中附条件许可中的结构性救济优先适用态度。主要内容可从6个方面归纳：（1）明确指出结构性救济比行为性救济更具有优先性。该指导意见指出，速度、确定性、救济效果是救济潜在有效性的重要内容。在合并案件中，结构性救济比行为性救济更具有优先性，因为其相对清楚、确定，一般能减少政府干预市场的成本。精心设计的剥离同意判决相对简单，较易管理，能确信保护竞争。而行为性救济更难设计、更难处理、具有管理成本，比结构性救济更容易落入陷阱。[2]（2）鲜明的对行为性救济的一般不欢迎态度。该指南指出，行为性救济在合并案件中一般是不受欢迎的，因为

[1] 韩伟．美国《横向合并指南》的最新修订及启示［J］．现代法学，2011（3）：151-164.

[2] U. S. Department of Justice Antitrust Division, Antitrust Division Policy Guide to Merger Remedies, 2004, pp.7-8.

其易于使反托拉斯司和法院卷入市场动态经营过程，给政府和公众带来直接、频繁的实质成本，而这在结构性救济中能够避免。[1]（3）详细分析行为性救济的弊端。该指南指出，行为性救济至少存在四个方面的潜在实质成本。一是与监督合并企业行为和确保遵守同意判决有关的直接成本。二是与合并企业违反其承诺规避救济“精神”企图有关的间接成本。例如，一个对合并企业不要提高价格的要求可能导致其为了利益通过降低质量而无效率地减少其成本。三是行为性救济可限制潜在的有益竞争行为。例如，一个对合并企业不要歧视其竞争对手的要求可产生以下难题，即是否以成本为基础的差异证明差别待遇是正当的并因此其不是真正的歧视？四是即使行为性救济是有效的，管理企业未来行为的努力可能阻止企业对变化中的市场状态做出有效反应。由于这些原因，结构性救济“尤其”优先于行为性救济。[2]（4）明确指出行为性救济的有限场合。该指南指出，在极其有限的场合，行为性救济将是合适的。一是行为性救济作为结构性救济的附属，即行为性救济在一定场合对完善结构性救济是有用的。二是单独的行为性救济仅仅适合于完全禁止合并将牺牲重大效率且采取结构性救济将类似地排除该效率或直接不可行的场合。但是，采用单独行为性救济解决合并的竞争关切问题是极其少见的，并且通常用于存在政府密切监管的行业。[3]（5）在结构性救济中，偏好剥离已存在的能证明在相关市场具有竞争力的经营实体。该指导意见指出，在结构性救济中，司法部更偏好剥离已存在的已能证明在相关市场具有竞争力的经营实体。在一些情形中，剥离可以是一个能生产和销售相关产品的独立工厂，在另一些情形中，其可以是一个完备的分支机构。一个已存在的经营实体不仅应拥有有形资产，同时应拥有有效生产和分配相关产品的人力资源、客户、信息系统、无形资产和管理设施。当已存在的经营实体缺乏一定的上述特点时，合并企业的其他资产需要包含在剥离包

[1] U. S. Department of Justice Antitrust Division, Antitrust Division Policy Guide to Merger Remedies, 2004, pp.17-18.

[2] U. S. Department of Justice Antitrust Division, Antitrust Division Policy Guide to Merger Remedies, 2004, pp.8-9.

[3] U. S. Department of Justice Antitrust Division, Antitrust Division Policy Guide to Merger Remedies, 2004, pp.18-20.

内。[1]（6）最为常见的单独行为性救济是防火墙、公平交易、透明度条款。该指导意见指出，防火墙是为阻止一个企业内部的信息传播而设计的，公平交易条款包括相同许可、相同程度、非歧视的概念。在偶尔的场合，所谓的透明度条款是垂直合并案件中唯一或一种原则性救济形式，该条款通常要求合并企业向管制机关提供一定信息，如一个电信企业可能被要求向管制机关报告其向客户收取的电话设备价格。其中的理论是，这种其他信息能帮助管制机关减少该企业逃避管制。司法部的总体态度是，防火墙条款（Firewall Provisions）、公平交易条款（Fair Dealing Provisions）、透明度条款（Transparency Provisions）是最为常见的行为性救济形式，尽管其他行为性救济形式如竞争性规则合资企业（Competitive-rule Joint Ventures）、非竞争条款（Non-compete Clauses）、长期供应合同（Long-term Supply Contracts）、稀缺人才回聘限制（Restrictions on Reacquisition of Scarce Personnel Assets）也是可能采用的。[2]由于时代的发展，美国司法部的结构性救济优先的态度后来发生了改变。

在 2011 年美国的《合并救济政策指导意见》中，结构性救济优先于行为性救济的总体性观点不再出现。不仅如此，有关行为性救济的 4 方面成本分析也没有体现在新的指导意见中，而是体现了一种结构性救济、行为性救济与混合性救济平等适用的态度。（1）总体上明确了结构性救济、行为性救济与混合性救济同等重要的原则。在该指导意见的原则部分，司法部重申了 2004 年该指导意见中的以“个案事实”为基础的原则，即救济需以法律和经济原则对具体案件特殊事实的谨慎适用为基础。但发生的变化是，该指导意见增加了以下内容：“反托拉斯司关注于对提出的具体合并进行有效救济。在一定的事实情况下，结构性救济是对维持竞争的最佳选择。在另一种不同类型的情况下，行为性救济可能是最好的选择。而在其他情况下，联合使用行为性救济和结构性救济可能是合适的。”[3]（2）重申结构性救济的优势。该指导意见重申，结构性救

[1] U. S. Department of Justice Antitrust Division, Antitrust Division Policy Guide to Merger Remedies, 2004, pp.12.

[2] U. S. Department of Justice Antitrust Division, Antitrust Division Policy Guide to Merger Remedies, 2004, pp.22-26.

[3] U. S. Department of Justice Antitrust Division, Antitrust Division Policy Guide to Merger Remedies, 2011, p.4.

济在“一些案件中”能简单、易于管理，确信能保护竞争。[1]但不同的是，该阐述加上了“一些案件中”的限定。该指导意见仍然重申，在结构性救济中，“一般倾向”于剥离已存在的经营实体。[2]（3）明确指出行为性救济是一种有价值的手段。该指导意见指出，行为性救济对反托拉斯司而言是一种有价值的手段，其能保护合并带来的潜在效率且同时能救济竞争损害。当结构性救济将排除合并的潜在效率但若无救济将损害竞争的时候，行为性救济是一种“特别”有效的选择。[3]（4）增加了混合性救济并指出其有效性。该指南第二部分“救济的类型”分为三部分，即结构性救济、行为性救济和混合性救济，而2004年《合并救济政策指导意见》并不存在这样的分类。增加混合性救济的原因是，随着经济的发展、理论研究的深化、执法经验的积累，同时采用两种救济措施以应对合并中复杂的问题成为执法需要。[4]不仅如此，该指导意见还明确指出，在一些案件中，有效的救济可能要求不同类型救济的联合，即在一些场合，“最有效”的救济将包含一个结构性和行为性条款的联合。[5]（5）扩充了行为性救济条件的类型。在2011年的指导意见中，“最常见”的行为性救济是防火墙条款（Firewall Provisions）、非歧视条款（Non-discrimination Provisions）、强制许可条款（Mandatory Licensing Provisions）、透明度条款（Transparency Provisions）、反报复条款（Anti-retaliation Provisions）、某些合同行为的禁止（Prohibitions on Certain Contracting Practices）。此外，该指导意见还指出，行为性救济条款还包括非申报集中的通告（Notice of Otherwise Non-reportable Mergers）、供应合同（Supply Contracts）、稀缺人才回聘限制等。[6]与2004年《合并救济政策指导意见》相比，强制许可条款、反报复条款、某些合同行为的禁

[1] U. S. Department of Justice Antitrust Division, Antitrust Division Policy Guide to Merger Remedies, 2011, p.6.

[2] U. S. Department of Justice Antitrust Division, Antitrust Division Policy Guide to Merger Remedies, 2011, p.9.

[3] U. S. Department of Justice Antitrust Division, Antitrust Division Policy Guide to Merger Remedies, 2011, pp.6-7.

[4] 臧俊恒. 合并救济措施类型化研究［J］. 经济法论丛，2017（1）：175-200.

[5] U. S. Department of Justice Antitrust Division, Antitrust Division Policy Guide to Merger Remedies, 2011, pp.6, 18.

[6] U. S. Department of Justice Antitrust Division, Antitrust Division Policy Guide to Merger Remedies, 2011, pp.13-18.

止、非申报集中的公告都是新增加的类型，反映了司法部对行为性救济条件的重视。其中，反报复条款包括禁止合并企业报复与其竞争者签订合同或开展经营的客户或其他主体，也包括禁止合并企业报复向司法部反托拉斯司提供不遵守同意判决及其任何条款或管制机关的规则或命令的行为。[1]（6）明确结构性救济、行为性救济、混合性救济各自适用的场合。该指导意见指出，在水平合并情形，结构性救济常常能有效保护竞争，包括并用一定的行为性救济条款的时候。有时，行为性救济也用于解决水平合并产生的竞争关切问题（通常联合结构性救济）。结构性救济在垂直合并情形中也可能是合适的，但行为性救济通常能有效解决垂直合并引起的反竞争问题。在所有案件中，关键是找到一个可运用且能有效保护竞争以促进创新和消费者福利的救济方式。混合性救济主要适用于涉及一种同时需要结构性救济和行为性救济的情形。[2]（7）阐明了救济选择中对管制行业因素和国际因素的考虑。在管制行业方面，该指导意见指出，在考虑管制行业的合并救济时与管制机关合作是最好的做法。例如，如果管制机关的命令已包含一定条款，司法部反托拉斯司无需将该条款包含在救济中。另外，管制体系可使监督司法部反托拉斯司的措施更容易也更有效。在国际层面，与国际或外国反垄断机关经常开展相关交流是必要的。这使司法部反托拉斯司认识到其他管辖权区域对具体合并的处理方法，在可能的情况下，其救济不会不必要地与其他管辖权区域的救济冲突。在一些案件中，司法部反托拉斯司能与其他反垄断机关合作设计对多个国家、地区都有效的救济。在可能的情况下，司法部反托拉斯司欢迎与国际或外国反垄断机关合作以设计更有效率和效果的合并救济。[3]因此，美国司法部 2011 年《合并救济政策指导意见》在继续沿用 2004 年《合并救济政策指导意见》基本框架结构的基础上，拓展了经营者集中救济的目标，首次明确经营者集中救济的目标包括消费者福利，彰显了行为性救济的地位，强化了经营者集中救济的保障措施，促进了经营者

---

[1] U. S. Department of Justice Antitrust Division, Antitrust Division Policy Guide to Merger Remedies, 2011, pp.16–17.

[2] U. S. Department of Justice Antitrust Division, Antitrust Division Policy Guide to Merger Remedies, 2011, pp.17–19.

[3] U. S. Department of Justice Antitrust Division, Antitrust Division Policy Guide to Merger Remedies, 2011, pp.20–21.

集中救济的有效实施。[1]

此外，2003 年，美国联邦贸易委员会发布了《合并救济磋商声明》。2012 年联邦贸易委员会又发布了修正后的《合并救济磋商声明》，该声明主要包括七个方面的内容：被剥离资产、可接受的购买人、剥离协议、其他命令条款、持分和（或）维持待剥离资产令、剥离申请、时限。从该声明的内容看，非结构性救济并没有占单独的章节，反映出联邦贸易委员会对非结构性救济的不重视的态度。在具体内容方面，该声明对合并救济选择的态度可作以下归纳：[2]第一，剥离形式的结构性救济在水平集中的场合具有优先性。该声明指出，大多数合并案件涉及水平合并，委员会倾向于剥离形式的结构性救济，以对非法的水平合并案件进行救济。第二，非结构性救济或行为性救济也可要求用于补充剥离救济，该类救济可包括供应协议、雇员义务、秘密保护、其他必要的支持成功剥离的条款。第三，行为性救济也可被要求补救垂直合并的反竞争影响，该行为性救济可包括要求建立防火墙以保护秘密信息或要求不给予一定的实体优惠待遇。第四，在剥离救济中，雇员最有可能接受当事人提出的剥离独立、正在经营的营业单元，其中至少包括一方当事人在相关市场的全部营业。该救济通过保护或重建竞争状态，将能最直接消除合并产生的竞争问题，并仅承担最小的风险。这要求委员会及其雇员在市场及其参与者提出剥离的可存活性和竞争性方面做较少的假定。比较而言，美国联邦贸易委员会的态度与司法部的态度并不相同，前者似乎仍没有抛弃结构性救济尤其剥离救济优先的态度，行为性救济只是配角；后者则明确发生了政策转向，鲜明地表明了其对结构性救济、行为性救济、混合性救济“同样重要”的态度。

（二）欧盟对反垄断法实施指南的修改与废止

1. 总体情况

在欧盟，欧盟委员会既是反垄断法实施指南的制定发布主体，也是修改与

[1] 袁日新. 美国经营者集中救济制度的嬗变及启示［J］. 理论界，2016（12）：74-83.

[2] U. S. the Bureau of Competition of the Federal Trade Commission, Statement of the Federal Trade Commission's Bureau of Competition on Negotiating Merger Remedies, 2012, p.5.

废止主体。例如，欧盟委员会2006年的《罚款确定方法指南》是对1998年《罚款确定方法指南》的修订。原因是，经过多年的实践，十分有必要重新提炼有关原则。新指南的主要修改有：提高了罚款上限，可罚款企业年营业额的15%～25%，而不是以前的10%；增加了对再次违法的处罚额度。该修正可更好地回应违法行为的经济性后果建构要求。[1]而2002年和2006年的欧盟委员会《关于卡特尔案件罚款减免的通告》存在难以获得未发现的卡特尔信息的问题，对搜集征集的作用有限。又如，2010年12月14日，欧盟委员会公布了新的《企业间横向合作协议的反垄断评估指南》，完成了对2001年《企业间横向合作协议的反垄断评估指南》的修改，新指南的亮点是增加了技术标准制定领域的竞争法适用分析的内容。与2001年《企业间横向合作协议的反垄断评估指南》相比，新指南以更宽的视野将"标准条款"纳入所讨论的范围，使得反垄断法对标准化协议的规制更趋周全。此外，欧盟委员会于2008年发布了《关于〈欧洲共同体条约〉第81条适用于海运服务的指南》(*Guidelines on the Application of Article 81 of the EC Treaty to Maritime Transport Services*)，但于2013年终止了该指南的效力。另外，欧盟委员会还于2014年对《一些集中案件处理简单程序通告》进行了勘误。[2]

2. 典型例举

2001年，欧盟委员会发布了《欧盟委员会关于〈理事会第4064/89号条例〉和〈欧盟委员会第447/98号条例〉下可接受的救济通告》，并于2008年进行了修订。该通告对经营者集中许可所附条件的分类并不明晰，其中提及了结构性救济的概念，但主要指剥离。因此，该通告主要将条件分为"剥离"和"其他救济"。在救济选择方面，其主要考虑的是：第一，明确将结构性承诺优先作为一项原则。该通告在一般原则部分阐明：从管理目标角度看，性质为结构性的承诺如承诺出售子公司原则上是"优先"的，因为其阻止委员会可能发现的产生或加强市场支配地位，且不需要中长期的监督措施。不过，这也并不是

---

[1] European Commission, Commission Revises Guidelines for Setting Fines in Antitrust Cases [EB/OL]. (2016-06-28)[2018-12-30]. http://europa.eu/rapid/press-release_IP-06-857_en.htm.

[2] European Commission, Corrigendum to Commission Notice on a Simplified Procedure for Treatment of Certain Concentrations under Council Regulation (EC) No 139/2004 (Official Journal of the European Union C 366 of 14 December 2013.

说其他类型的承诺本身不能阻止产生或加强市场支配地位。然而，该类承诺能否被接受必须根据个案决定。❶第二，指出剥离是最有效的方式。该通告指出，当提出的合并威胁产生或加强市场支配地位且其将损害有效竞争时，最有效的重塑竞争方式除了禁止外，是通过剥离创造产生新竞争实体或加强已存在的竞争者的状态。其中，当竞争问题源于水平重叠时，最合适的经营业务部分应该被剥离。❷第三，强调剥离并不是唯一的救济方式。该通告指出，尽管剥离是最优先的救济，但其不是委员会唯一接受的救济。首先是可能存在剥离营业不可能的情形；其次是竞争问题源于个性特征，例如存在排他性协议、网络联合或关键专利联合的情形等。在这些情形中，委员会不得不考虑其他类型的救济是否可对重塑竞争具有充分的市场影响。❸第四，指出其他救济措施的选择问题。主要包括：（1）在排他性交易的情形中，终止存在的排他性协议可能被认为对消除竞争关切是合适的。（2）当提出的集中导致的市场结构变化可产生对相关市场进入具有重大障碍或损害时，救济可通过确保竞争者将可获得使用必要的基础设施或关键技术，以促进市场进入。（3）当竞争问题是关键技术控制所导致的，剥离该技术是最优先的救济，因为它可消除合并企业与其竞争者的永久关系。然而，当剥离会损害有效、持续的研发时，委员会可接受许可安排（排他许可且无任何许可使用地域限制的安排优先）作为剥离的替代方式。（4）由于可能集中在几个相关市场产生竞争问题的特性，当事人须提供一个由剥离救济和通过开放网络等其他救济组成的救济包以促进市场进入。❹综上可见，该通告的主要态度是，结构性条件尤其剥离是优先选择，但不是唯一方式，其他措施如终止排他性协议、开放市场、技术许可、剥离救济与其他救济组成的救济包在适当的场合也是合适的。

❶ European Commission, Commission Notice on Remedies Acceptable under Council Regulation (EEC) No 4064/89 and under Commission Regulation (EC) No 447/98 (2001/C 68/03), para.9.

❷ European Commission, Commission Notice on Remedies Acceptable under Council Regulation (EEC) No 4064/89 and under Commission Regulation (EC) No 447/98 (2001/C 68/03), paras.13, 16.

❸ European Commission, Commission Notice on Remedies Acceptable under Council Regulation (EEC) No 4064/89 and under Commission Regulation (EC) No 447/98 (2001/C 68/03), para.26.

❹ European Commission, Commission Notice on Remedies Acceptable under Council Regulation (EEC) No 4064/89 and under Commission Regulation (EC) No 447/98 (2001/C 68/03), paras.27-30.

在2008年《欧盟委员会关于〈理事会第139/2004号条例〉和〈欧盟委员会第802/2004号条例〉下可接受的救济通告》中，经营者集中许可所附条件的分类比2001年《欧盟委员会关于〈理事会第4064/89号条例〉和〈欧盟委员会第447/98号条例〉下可接受的救济通告》更加明确，即分为3类：剥离；其他结构性救济，如根据非歧视性条款许可使用关键设施或投入；有关合并实体未来行为的承诺。[1]在条件的选择方面，该通告重申了剥离救济的优先性，并较过去有所强化。具体如下：其一，明确指出剥离承诺是最好的方法。该通告不仅重申剥离是最有效的方法，并指出剥离承诺是消除水平重叠导致的竞争关切的最好方法，也是解决纵向或混合关切的最好方法。如果在效果方面与剥离相同，其他结构性承诺可能适合于解决所有类型的关切。与合并实体未来行为有关的承诺，只有在例外或较少的情形下是可接受的（但特别需要指出的是，以企业承诺不提高价格、缩小产品范围或撤销品牌一般不能消除水平重叠导致的竞争关切）。无论如何，如果行为性承诺的可操作性（Workability）能通过有效实施和监督全面保证，且不存在对竞争的扭曲影响，该类救济仅能在例外的情况下被接受。[2]其二，剥离是其他救济的基准。尽管剥离或消除与竞争者的联系是优先的救济，但并不是唯一的可能消除竞争关切的救济。然而，在效果和有效性方面，剥离是其他救济的基准（Benchmark）。因此，委员会可接受其他类型的承诺，但仅限于提出的其他救济在效果方面至少等同于剥离的情形。[3]其三，剥离营业一般比知识产权使用许可具有优先性。因为后者涉及更多的不确定性将不会使被许可人立即在市场上开展竞争，且被许可人要保持与集中方的持续联系，这使得许可人能影响被许可人的竞争行为，并可能引起许可范围和条款方面的争端。[4]其四，对剥离单独营业和定资先行具有明确的倾向性。

---

[1] European Commission, Commission Notice on Remedies Acceptable under Council Regulation (EC) No 139/2004 and under Commission Regulation (EC) No 802/2004 (2008/C 267/01), para.17.

[2] European Commission, Commission Notice on Remedies Acceptable under Council Regulation (EC) No 139/2004 and under Commission Regulation (EC) No 802/2004 (2008/C 267/01), paras.17, 22.

[3] European Commission, Commission Notice on Remedies Acceptable under Council Regulation (EC) No 139/2004 and under Commission Regulation (EC) No 802/2004 (2008/C 267/01), para.61.

[4] European Commission, Commission Notice on Remedies Acceptable under Council Regulation (EC) No 139/2004 and under Commission Regulation (EC) No 802/2004 (2008/C 267/01), para.38.

在剥离中，委员会对剥离已存在的单独营业具有“明确的倾向性”，包括剥离目前已存在的公司、公司集团、未在法律上被并入合并方的营业分支机构。当寻找购买人是提出救济有效性的关键时，委员会特别欢迎定资先行救济（Fix-it-first remedies）。[1]其五，非剥离性救济仅限于特别的情形。委员会可审查其他非剥离性救济，如行为性承诺，但仅限于“特别”具体的情形，如竞争关切源于混合结构的情形。委员会可接受的是，非剥离救济应限定在一定的期限内，时间限制、期间将根据个案具体情况决定。[2]此外，该指南还列举了一些开放许可承诺的情形，如使用付费电视平台（Access to Pay-TV Platforms）和通过煤气销售计划取得能源（Access to Energy via Gas Release Programs），使用管线或电信或相似网络（Access to Pipelines and Telecom or Similar Networks）。[3]

（三）我国反垄断法实施指南的修改与废止问题

1. 基本情况

在我国，反垄断法实施指南的修改权也归反垄断法实施指南的制定发布机关国务院反垄断委员会。不过，国务院反垄断委员会截至目前仅发布过一部指南。虽然该指南使用已有近 10 年，但反垄断委员会尚未修改过。我国反垄断执法机关也制定过一些指南，也没有修改的情况。当然，这不表明我国的反垄断法实施指南已十分完善。此外，我国目前也没有废止反垄断法实施指南的情形。

2. 问题探讨

在此，值得探讨的问题有：一是全国人大及其常委会和国务院是否有权修改反垄断委员会发布的指南；二是反垄断委员会是否有权修改反垄断执法机关

[1] European Commission, Commission Notice on Remedies Acceptable under Council Regulation (EC) No 139/2004 and under Commission Regulation (EC) No 802/2004 (2008/C 267/01) , paras.33, 57.

[2] European Commission, Commission Notice on Remedies Acceptable under Council Regulation (EC) No 139/2004 and under Commission Regulation (EC) No 802/2004 (2008/C 267/01) , paras.69, 70.

[3] European Commission, Commission Notice on Remedies Acceptable under Council Regulation (EC) No 139/2004 and under Commission Regulation (EC) No 802/2004 (2008/C 267/01) , paras.63-64.

制定发布的指南；三是反垄断法实施指南的修改与废止方式如何。

关于第一个问题，根据我国《立法法》第97条和《规章制定程序条例》第37条，全国人民代表大会、全国人民代表大会常务委员会和国务院有权改变或撤销的规范性文件并不包括“指南”类文件，因此反垄断法实施指南似乎并不能受到立法法约束。本书认为，我国应将反垄断法实施指南纳入法律监督体系，全国人大及其常委会和国务院有权对指南进行审查，必要时进行修改。

关于第二个问题，本书认为，反垄断执法机关制定发布的指南不得与反垄断委员会制定的指南相冲突。若出现冲突的情况，反垄断委员会虽有权制定发布反垄断法实施指南，但其为咨询议事机构，对作为国务院部委的反垄断执法机关无直接的行政权，因此无权修改或要求反垄断执法机关修改后者发布的指南。这样，就需要建立相关的完善机制。本书认为，若出现反垄断执法机构制定的指南与反垄断委员会制定的指南相冲突的情况，应由国务院依法认定反垄断执法机构制定的指南无效。

关于第三个问题，一般而言，反垄断法实施指南修改的方式包括明示修改和默示修改两种。明示修改是指直接对某部反垄断法实施指南的内容进行修改的方式。明示修改以修正案的形式进行，修正案通过后，反垄断法实施指南重新发布。目前，我国反垄断法实施指南尚无明示修改的情况。默示修改通过颁布新指南的方式进行，按照新法优于旧法的原则，使原指南的内容实质发生了变更。从某种角度上，明示修改的方式比较合理，默示修改的方式会使人们认为新指南与旧指南之间存在冲突，不利于反垄断法的实施。当然，根据修改幅度，反垄断法实施指南修改可以分为整体修改和部分修改。整体修改是指对某部反垄断法实施指南进行较大规模的修改。一般而言，只有在适用较长时间后，发现某部反垄断法实施指南已远远落后于现实，不能适应生活实际时，才进行整体修改。部分修改是指对某部反垄断法实施指南的部分内容进行修改的活动。

此外，反垄断法实施指南的修改还应当依照法定程序进行。该程序一般应按照程序公开原则和民主参与原则进行，即应公开征集各方面建议，必要时通过走访、调研、听证会方式，以使市场主体可广泛参与；修改过程公开进行，体现公正性。

还得指出，有些国家地区的反垄断执法机构时常在制定发布反垄断法实施指南时，明确同时规定经过一段时间后需评估指南适用效果，届时需要修订的，将及时修订。这一做法值得我国学习。

二、系统化

反垄断法实施指南的系统化技术是指将已经颁布的反垄断法实施指南系统化以形成统一的系统的技巧、方法和手段。要使已经颁布的反垄断法实施指南形成一个统一的系统，需进行系统性的审查，要按照一定的逻辑汇编成册。值得注意的是，反垄断法实施指南的汇编可单独进行，即仅仅将反垄断法实施指南进行汇编，也可将其与反垄断法律法规等规范性文件汇编在一起。根据美欧的经验，汇编通常采取后一种方式。

反垄断法实施指南汇编的意义在于便于各类主体了解反垄断法实施指南，为市场主体遵守反垄断法律法规提供便利，也有利于行政执法机关进行执法，还有利于司法机关进行法律适用。关于反垄断法实施指南的汇编，有以下问题需要特别阐明。

（一）反垄断法实施指南的汇编主体

由于反垄断法实施指南的汇编一般并不改变反垄断法实施指南的内容，不具有制定发布指南的性质，因此汇编主体不受限制。立法机关、执法部门、司法机关、研究机构等都可以作为汇编的主体。

根据国务院1990年7月29日发布的《法规汇编编辑出版管理规定》第4条，全国人民代表大会常务委员会法制工作委员会、国务院法制局、中央军事委员会法制局、国务院各部门、具有地方性法规和地方政府规章制定权的地方各级人民代表大会常务委员会和地方各级人民政府可以汇编有关法规。《法规汇编编辑出版管理规定》第5条规定，根据工作、学习、教学、研究需要，有关机关、团体、企业事业组织可以自行或者委托精通法律的专业人员编印供内部使用的法规汇集；需要正式出版的，应当经出版行政管理部门核准。除前款规定外，个人不得编辑法规汇编。而根据国务院2017年《规章制定程序条例》第40条，编辑出版正式版本、民族文版、外文版本的规章汇编，由法制机构依照《法规汇编编辑出版管理规定》的有关规定执行。

本书认为，对个人进行法律法规汇编予以限制并不合理，理由在于法律汇编并未对法律法规进行修改，限制个人汇编法律法规没有必要。不仅如此，允许个人进行法律法规汇编有利于人们学习了解法律法规，有利于促进法律法规的遵守。此外，允许理论研究者进行法律法规汇编还有利于推动反垄断法学的发展。当然，为了实践运行和理论研究的严肃性，国家部委可组织有关专家进行反垄断法实施指南汇编。

（二）反垄断法实施指南的汇编体例

对反垄断法实施指南进行汇编，可采以下体例：一是按制定发布时间顺序汇编；二是按各类规范性文件的等级进行汇编，即将反垄断法律、反垄断行政法规、反垄断法实施指南、反垄断部门规章等进行分别归类，然后汇编成册；三是按反垄断法涉及的内容进行汇编，如可分成企业合并、滥用市场支配地位、垄断协议、经营者集中、行政性垄断的顺序进行汇编。

在美国司法部公布的《反垄断法令》（*Antitrust Statutes*）中，反垄断法实施指南属于其中的第四部分，《合并指南》《知识产权许可反垄断指南》《跨国经营反垄断实施指南》《卫生保健业反垄断实施政策声明》都在其中。以上内容也都体现在司法部公布的《反垄断手册》第二部分“法定条款和反垄断司指南”中。[1]美国司法部的官方网站还专门设置了“指南和政策声明”（Guidelines and Policy Statements）栏目，按一般问题、农业、刑事、网络安全、卫生保健业、知识产权、跨国经营、合资企业、合并的顺序列出。[2]在美国联邦贸易委员会的规范性文件汇编中，反垄断法实施指南通常列于法令之后。

在欧盟，反垄断法实施指南按分类列入反垄断、卡特尔和合并3类文件

[1] Statutory Provisions and Guidelines of the Antitrust Division [EB/OL]. (2018-11-05) [2018-12-30]. https://www.justice.gov/atr/file/761131/download.

[2] Guidelines and Policy Statements [EB/OL]. (2018-12-11) [2018-12-30]. https://www.justice.gov/atr/guidelines-and-policy-statements-0.

中，反垄断适用规则汇编分3部分：第一部分为一般规则，通告与指南列于概览、条约、一般规则之后；第二部分为豁免条例和指南，分横向合作协议、纵向协议、技术转让协议3部分，每部分最后为指南；第三部分为具体行业规则，按农业、保险、交通工具、邮政服务、运输、电讯分类，反垄断法实施指南列入每部分的最后部分。卡特尔文件汇编分为10个部分，分别为卡特尔、宽大、和解、罚款、审理权、成员国合作、人权、获得文件、一般问题、授权，反垄断法实施指南分别列入其中。在合并文件汇编中，通告与指南列于概览、条约、一般规则之后。

应当指出，我国目前对于反垄断法实施指南的汇编的工作还不尽如人意，还有许多工作有待开展。

（三）反垄断法实施指南的汇编要求

根据《法规汇编编辑出版管理规定》第6条，法律法规汇编应当做到：

（1）选材准确。收入法规汇编的法规必须准确无误，如果收入废止或者失效的法规，必须注明；现行法规汇编不得收入废止或者失效的法规。

（2）内容完整。收入法规汇编的法规名称、批准或者发布机关、批准或者发布日期、施行日期、章节条款等内容应当全部编入，不得随意删减或者改动。

（3）编排科学。法规汇编应当按照一定的分类或者顺序排列，有利于各项工作的开展。

因此，我国反垄断法实施指南的汇编也应遵守上述要求。

第六章　我国经济发展方式转变与反垄断法实施指南制度的建构

第一节　我国反垄断法实施指南制定情况及其不足

一、我国反垄断法实施指南制定情况

截至目前，我国反垄断委员会作为《反垄断法》唯一被授权制定发布反垄断法实施指南的主体仅仅制定了一部反垄断法实施指南，即《关于相关市场界定的指南》。不过，原三大反垄断执法机构积极参与起草或径直起草制定反垄断法实施指南，地方反垄断执法机构也发布了一些反垄断法实施指南。以下分别分析之。

(一)《关于相关市场界定的指南》

2009年1月，承担反垄断委员会具体工作的商务部组织起草并公布了《关于相关市场界定的指南（草案)》并向社会征求意见。2009年5月，反垄断委员会制定发布了《关于相关市场界定的指南》。该指南分为总则、界定相关市场的基本依据、界定相关市场的一般方法、关于假定垄断者测试分析思路的说明4部分，共11条。根据该指南内容，相关市场分为产品市场、地域市场和技术市场，其中也提及时间因素在界定相关市场中的作用，而界定相关市场的方法主要有需求替代分析、供给替代分析和假定垄断者测试分析方法。在功能上，该指南奠定了我国反垄断执法乃至反垄断司法的坚实基础。

有分析指出,《关于相关市场界定的指南》发布后,反垄断执法机构的实施细则才陆续出台。[1]这表明,该指南在反垄断执法规则建构中具有基础性地位。例如,商务部依据该指南制定和修订了《经营者集中反垄断审查申报表》,并要求经营者据此填报,并在一些经营者集中审查决定中也明确适用该指南;原工商总局在《关于禁止滥用知识产权排除、限制竞争行为的规定》中明确规定根据该指南界定相关市场,并在其授权处理的海南省东方市自来水公司垄断案(琼工商处字〔2015〕2号)、四川久远银海畅辉软件有限公司滥用市场支配地位案(川工商处字〔2017〕7001号)中具体适用;在国家发展改革委2016年公布的《关于汽车业的反垄断指南(草案)》中,《关于相关市场界定的指南》也是界定汽车业相关市场的依据。此外,我国法院也纷纷引用《关于相关市场界定的指南》进行司法裁决。

(二)《关于滥用知识产权的反垄断指南(征求意见稿)》

2017年3月23日,反垄断委员会发布了《关于滥用知识产权的反垄断指南(征求意见稿)》。反垄断委员会的公告指出,该指南是在国家发展改革委、商务部、原国家工商行政管理总局、国家知识产权局分别起草的《关于滥用知识产权的反垄断指南(草案建议稿)》的基础上会同委员会专家咨询组研究提出的。其实,该指南的起草工作早在2009年就开始启动,原工商总局起草了7稿,国家发展改革委也曾就其起草的版本向社会征求意见。[2]可见,反垄断委员会最终发布征求意见稿实属不易。

从结构看,反垄断委员会《关于滥用知识产权的反垄断指南(征求意见稿)》除前言外,分为5章,共27条,按照一般问题、涉及知识产权的垄断协议、涉及知识产权的滥用市场支配地位行为、涉及知识产权的经营者集中、涉及知识产权的其他情形的顺序进行分析。比较而言,国家发展改革委2015年的《关于滥用知识产权的反垄断指南(征求意见稿)》除序言外,分为4部分,分别为

[1] 侯利阳.《反垄断法》不能承受之重——我国反垄断执法五周年回顾与展望[J].交大法学,2013(2):49-67.

[2] 不过,商务部和知识产权局未公布其起草的知识产权相关反垄断法实施指南版本。

基本问题、可能排除、限制竞争的知识产权协议、涉及知识产权的滥用市场支配地位行为、涉及知识产权的经营者集中。而原国家工商行政管理总局2016年的《关于滥用知识产权的反垄断指南（征求意见稿）》（第七稿）则分为7章，共32条，包括总则、相关市场界定（涉及相关商品市场、相关技术市场、相关创新市场）、涉及知识产权的垄断协议、涉及知识产权的滥用市场支配地位、涉及知识产权的经营者集中（略）、涉及知识产权的若干特定行为的反垄断分析、附则（法律责任和施行日期）等。

根据反垄断委员会《关于滥用知识产权的反垄断指南（征求意见稿）》，分析经营者是否滥用知识产权排除、限制竞争所遵循的原则与欧盟的原则基本相同。比较而言，国家发展改革委2015年的《关于滥用知识产权的反垄断指南（征求意见稿）》还把“坚持公正透明，充分考虑经营者提出的行使知识产权正当与否的事实、证据和理由”作为一项原则。原国家工商总局的2016年《关于滥用知识产权的反垄断指南（征求意见稿）》（第七稿）则强调“绝大多数知识产权行使行为在总体上具有促进竞争的效果”和“有利影响大于不利影响，国务院反垄断执法机构可以对其不予禁止”，并将之作为原则。

（三）《关于垄断协议豁免一般性条件和程序的指南（征求意见稿）》

2016年5月，国家发展改革委发布了《关于垄断协议豁免一般性条件和程序的指南（征求意见稿）》。该指南共4章，28条，主要内容包括总体规定（目的和依据、相关概念、自行判断、主管机构）、豁免申请、豁免咨询、附则（其他情形的豁免、类型或行业豁免、生效和实施、指南的解释和修改）等。

该指南对豁免相关的基本概念进行了界定：豁免是指经营者能够证明所达成的协议符合《反垄断法》第15条的规定，从而不适用第13条、第14条规定的情形。豁免申请，是指反垄断执法机构对涉嫌达成或者实施垄断协议的行为进行调查后至做出决定前，经营者或者行业协会向反垄断执法机构申请豁免。

关于豁免的实体问题，该指南阐明，反垄断执法机构主要考虑以下因素：（1）协议实现《反垄断法》第15条第1款第（一）项至第（六）项所列豁免情形的具体形式和效果；（2）协议与实现该情形之间的因果关系；（3）协议对实现该情形的重要性；（4）其他可以证明协议属于相关豁免情形的因素。

此外，该指南还对豁免公开、豁免撤销、豁免无效等问题进行了解释。

（四）《反垄断案件经营者承诺指南（征求意见稿）》

2016年2月2日，国家发展改革委价监局发布了《反垄断案件经营者承诺指南（征求意见稿）》。该指南的目的是为了指导在反垄断案件调查过程中适用经营者承诺及中止调查、终止调查程序，提高反垄断执法机构开展执法工作的透明度，维护经营者和消费者的合法权益。该指南共18条，内容包括该指南的依据和意义、经营者承诺制度的适用范围、中止调查及终止调查决定的法律后果、经营者提出与撤回承诺、经营者提出承诺前与执法机构的沟通、经营者承诺的初步审查、经营者的承诺措施、经营者与执法机构的协商、承诺措施公开征求意见与修改、经营者承诺的期限、对承诺措施的分析审查、中止调查决定、经营者承诺履行情况的报告与监督、终止调查决定、中止调查与终止调查决定的报告备案及公布、恢复调查决定、恢复调查后的中止调查和处罚、实施日期。

就经营者承诺制度的适用范围而言，经调查认为涉嫌垄断行为或构成垄断行为的，不接受经营者承诺。此外，对于严重违法的横向垄断协议案件，如固定或者变更商品价格、限制商品生产或者销售数量、分割销售市场或者原材料采购市场案件，不接受经营者承诺。也就是说，经营者承诺制度并非广泛普遍适用，其有严格适用除外情形。

该指南对经营者承诺时间、承诺形式、承诺期限做出了说明：在执法机构开始调查经营者的涉嫌垄断行为后、作出行政处罚事先告知前的任何阶段，经营者都可以提出承诺，申请中止调查。执法机构做出中止调查决定前，经营者也可以撤回承诺。经营者决定撤回的，执法机构将及时终止对经营者承诺的审查程序，继续对该涉嫌垄断行为进行调查，并不再接受经营者提出的承诺。

经营者提出的承诺措施可以是行为性、结构性或者是二者相结合的措施。经营者承诺的履行期限，由执法机构根据具体案情决定。一般最短不少于 6 个月，最长不超过 3 年。案情重大复杂，经营者在 3 年内无法完全履行承诺消除涉嫌垄断行为后果的，可以申请适当延长，但经营者承诺的履行期限最长不应超过 5 年。

（五）《关于认定经营者垄断行为违法所得和确定罚款的指南（征求意见稿）》

2016 年 6 月，国家发展改革委发布了《关于认定经营者垄断行为违法所得和确定罚款的指南（征求意见稿）》。该指南除序言外，分总则、违法所得的认定、罚款的确定、相关数据资料、附则（保密义务和实施日期），共 35 条。

该指南指出，垄断行为的违法所得指经营者因为实施垄断行为多得的收入或减少的支出，即剔除假设经营者未实施垄断行为能够获得的收入后多得的部分。关于适用范围，该指南仅适用垄断协议和滥用市场支配地位案件，不适用于经营者集中案件。关于基本原则问题，该指南指出，认定违法所得和确定罚款，“要与违法行为的事实、性质、情节、社会危害程度相当，体现过罚相当和处罚与教育相结合的原则”。

关于罚款比例，该指南从 3 个层面进行了规定：一是初始罚款比例。对于固定价格、限制商品数量、分割市场的横向协议，初始罚款比例为 3%；对于其他横向协议，初始罚款比例为 2%；关于纵向协议，初始罚款比例为 1%。二是持续时间比例。以 1 年为基数，每延长 1 年，罚款增加 1%；延长不足 6 个月的，罚款增加 0.5%；超过 6 个月且不足 1 年的，罚款比例增加 1%。三是违法程度比例。违法程度严重的，罚款比例不低于 6%；损害很小的，不高于 3%；除适用宽大政策以及按照《行政处罚法》减轻处罚外，罚款不得低于 1%。反垄断执法机构确定的最终罚款比例不得高于 10%。

（六）《横向垄断协议案件宽大制度适用指南（征求意见稿）》

2016 年 2 月 2 日，国家发展改革委价格监督检查与反垄断局发布《横向垄断协议案件宽大制度适用指南（征求意见稿）》。我国《反垄断法》自 2008 年生效以来，宽大制度一直处于争议中心，如反垄断执法机构的自由裁量权过大、纵向垄断协议也适用宽大制度、年营业额计算、申请时间、证据标准等问题都引起了很大范围的讨论，因此对于宽大制度的进一步透明化也成为经营者呼声较高的事项。宽大制度，又称宽恕制度（Leniency Program/Policy），指“参与卡特尔的行为主体或者其他知情人员，在反垄断执法机构开始调查前，提供可启动调查程序的证据，或在开始调查后提供增强案件事实认定的证据，且持续、全面配合调查时，执法机构依法免除或减轻该行为主体因从事卡特尔行为所应负的刑事、行政或者民事责任的制度”。[1]也有学者认为宽恕制度的基本含义是“参与卡特尔的行为人包括企业和个人，在反垄断执法机构展开调查之前或之后，主动报告和揭发其参与的卡特尔，以获得从宽处理待遇的制度”。[2]

《横向垄断协议案件宽大制度适用指南（征求意见稿）》共17条，内容包括指南的依据和目的、宽大制度的意义、适用范围、经营者申请宽大的受理机构、经营者与执法机构的事先沟通、经营者申请宽大应提交的材料、经营者申请宽大的初步报告、经营者申请宽大的形式、经营者申请宽大的登记受理、经营者获得宽大需要满足的其他条件、经营者申请顺位的确定、执法机构的审理审查、执法机构免除、减轻经营者的罚款、执法机构减免没收经营者的违法所得、执法机构决定的告知和公开、执法机构的保密义务和实施日期。

就适用范围而言，该指南仅适用于横向垄断协议案件，即《反垄断法》第13条第1款所规定的具有竞争关系的经营者达成、实施的垄断协议。

关于经营者申请顺位的确定，该指南指出，在发出行政处罚事先告知书之前，执法机构按照经营者申请宽大的时间先后为经营者排序，确定经营者申请宽大的顺位，并书面告知经营者所处的顺位。经营者未履行该指南第10条第1款所列义务的，执法机构将取消其顺位。第一顺位的经营者存在指南第10条第2款情形的，执法机构可以将其调整为第二顺位经营者；情节严重的，执法

[1] 王秋良，刘金妫．反垄断法宽恕制度实施条件比较［J］．东方法学，2010（4）：100-107.

[2] 毕金平．诱惑、惩罚与威慑——反垄断法中的宽恕制度研究［M］．北京：法律出版社，2014：7.

机构可以取消其顺位。经营者的顺位被调整或者取消后，其后顺位的经营者可以依次向前递补。

关于免除、减轻经营者的罚款，该指南将之分为4种情况：一是免除全部罚款，对象为启动调查程序前申请宽大的第一顺位经营者；二是免除全部罚款或按不低于80%的幅度减轻罚款，对象为其他第一顺位经营者；三是按照30%至50%的幅度减轻罚款，对象为第二顺位经营者；四是按照不高于30%的幅度减轻罚款，对象为第三顺位及后序顺位的经营者。此外，在减免罚款的同时可考虑减免没收经营者违法所得。

关于执法机构决定的告知和公开，该指南阐明，执法机构在向经营者发送的行政处罚事先告知书中，应写明拟给予经营者宽大的结果和理由，经营者有权依法向执法机构提出陈述、申辩或者听证。执法机构依照该指南最终决定给予经营者宽大的，应当在做出决定后的20个工作日内向社会公布免予处罚决定书或者行政处罚决定书。

（七）《关于汽车业的反垄断指南（征求意见稿）》

2016年3月，国家发展改革委发布了《关于汽车业的反垄断指南（征求意见稿）》。该指南分总则、垄断协议、滥用市场支配地位行为、经营者集中、滥用行政权力排除、限制竞争和附则（代工协议的认定和指南的生效、更新与增补）等。

该指南首先在解释清楚基本问题的基础之上，按照传统垄断行为的类型将汽车业垄断行为分为4类：垄断协议，滥用市场支配地位行为，经营者集中，滥用行政权力排除、限制竞争。结合汽车业的特殊情形，该指南补充了代工协议的类型，即委托方为被委托方提供必需的技术、设备，由被委托方为委托方生产产品、提供服务或完成工作的情形。

该指南指出，界定汽车业相关市场的基本依据是替代性分析，即先考察需求替代，然后考察供给替代。在个案中，有时要区分汽车批发市场和汽车零售市场，汽车经销市场可以从供给替代和需求替代角度区分，汽车售后市场可以分为售后配件经销市场和售后维修保养市场。

（八）《外国投资者并购境内企业反垄断申报指南》

2007年3月，商务部发布《外国投资者并购境内企业反垄断申报指南》。该指南分为申报人、申报时间、申报材料、审查期限、申报前商谈、保密、报送时间及地点7部分。

根据该指南，就主体而言，并购方原则上为申报人，但在特殊情况下申报人也可以是被并购方。多人符合申报人条件的，可以共同申报，也可以分别申报。申报人可以以自己的名义自行申报，也可以委托中国律师事务所申报。

就申报时间而言，企业并购反垄断申报应当在对外公布并购方案之前提出，境外并购申报应当在对外公布并购方案之前或者报所在国主管机构的同时提出。

该指南规定了19项申报所需的材料，以对并购双方的情况进行全面审查。同时，本着鼓励经济发展、吸引外资的原则，也将“申报人无法提交上述某项材料，或者根据具体情况认为不需要提交上述某项材料”的情况考虑在内，“经反垄断调查办公室同意，可以部分提交或者不提交”某些材料。

此外，该指南还规定了申报前商谈的程序，即申报人与审查机构可以就是否需要申报、界定相关市场等重要事项进行商谈，这大大提高申报审查的效率。

（九）其他反垄断法实施指南

1. 国家发展改革委制定的其他反垄断法实施指南

国家发展改革委正式制定公布的其他反垄断法实施指南有《短缺药品和原料药经营者价格行为指南》《行业协会价格行为指南》《商业银行收费行为执法指南》《质检收费监管指南（征求意见稿）》。

《短缺药品和原料药经营者价格行为指南》是国家发展改革委于2017年11月发布的。该指南虽名为价格行为指南，但实际上完全是一部反垄断法实施指南。该指南对相关概念界定、相关市场界定、垄断协议的表现形式、经营者达成横向价格垄断协议的情形、经营者达成纵向价格垄断协议的情形、经营者可依法主张垄断协议豁免、认定经营者具有市场支配地位的考虑因素、认定经营者滥用市场支配地位以不公平的高价或者低价进行交易的考虑因素、认定经营者滥用市场支配地位拒绝交易的考虑因素、认定经营者滥用市场支配地位限定交易的考虑因素、经营者滥用市场支配地位附加不合理费用、经营者滥用市场支配地位实行差别待遇等问题进行了解释。

《行业协会价格行为指南》是国家发展改革委 2017 年 7 月发布的。该指南阐明行业协会的行为可能违反《反垄断法》。例如，行业协会从事以下价格行为，具有明显的排除、限制竞争效果，法律风险极高：（1）组织经营者达成价格垄断协议（含通过统一优惠条件或者期限的方式）；（2）组织交换或通报会员的价格信息；（3）发布行业内指导价、基准价、参考价、推荐价等具有引导性的价格；（4）以公布价格计算公式的方式对成本构成、利润率等因素予以限定；（5）制定具有排除、限制价格竞争的规则、决定、通知、标准等；（6）通过行业内惩戒机制保证或者促进经营者实施价格垄断协议。因此，该指南也是一部反垄断相关指南。

此外，国家发展改革委办公厅于 2016 年 6 月印发了《商业银行收费行为执法指南》。该指南也指出："商业银行违反《反垄断法》规定，构成价格垄断行为的，依据《反价格垄断规定》《反价格垄断行政执法程序规定》依法查处。"

国家发展改革委价格监督检查与反垄断局 2017 年 6 月公布的《质检收费监管指南（征求意见稿）》其实也涉及《反垄断法》的适用，该指南征求意见稿最后明确阐明，"违反《中华人民共和国反垄断法》规定，构成价格垄断行为的，依法另行查处"。

2. 商务部制定的其他反垄断法实施指南

商务部制定的其他反垄断法实施指南还有《关于经营者集中申报的指导意见》《关于经营者集中简易案件申报的指导意见（试行）》《关于规范经营者集中案件申报名称的指导意见》。

2009年1月，商务部反垄断局发布了《关于经营者集中申报的指导意见》，并于2014年6月进行了修订。该指导意见对经营者集中所指的控制权（包括单独控制权和共同控制权）的认定、营业额计算、商谈、申报程序等问题进行了解释。《关于经营者集中简易案件申报的指导意见（试行）》是2014年4月正式公布的。该指导意见对简易案件申报材料和程序进行了解释。2017年2月公布的《关于规范经营者集中案件申报名称的指导意见》对经营者集中案件的称谓问题进行了解释。

3. 地方有关机构制定的反垄断法实施指南

四川省工商行政管理局于2015年发布了《关于加强反垄断执法工作的指导意见》。该指导意见阐明在重点领域排查垄断行为，其中重点排查领域为：供水、供电、供气、公共交通运输等公用企业；能源、通信等大型国有企业；烟草、食盐等专营专卖行业；在行业内具有较高市场份额的经营者及其他基于法律法规规定、持有知识产权等容易产生垄断的行业。

中国（广东）自由贸易试验区深圳前海蛇口片区管理委员会于2017年也发布了《中国（广东）自由贸易试验区深圳前海蛇口片区反垄断工作指引》。该指引阐明，在前海蛇口自贸片区内指定专门机构协助开展以下反垄断相关工作：（1）接受反垄断举报和咨询；（2）配合相关反垄断执法机构调查工作；（3）申请受理、代转反垄断相关材料；（4）协助相关反垄断执法机构开展反垄断事中事后监管；（5）协助相关反垄断执法机构开展市场竞争状况研究分析及评估；（6）组织开展反垄断宣传和培训工作 .

此外，广东省发展和改革委员会价格监督检查与反垄断局还于2017年起草了《药房托管行为反垄断执法指南》，明确了11类行为涉嫌垄断行为。

二、我国反垄断法实施指南制定中存在的问题

综前所述，自2009年反垄断委员会发布《关于相关市场界定的指南》以

来，我国反垄断法实施指南制定工作并未间断，一些反垄断法实施指南处于起草、征求意见、即将发布或已发布状态。但是，我国在反垄断法实施指南体系构建中缺乏整体主义观念，以至于我国反垄断法实施指南并未形成科学合理的体系。

(一) 体系规划不明

我国《反垄断法》第 9 条明确赋予反垄断委员会承担反垄断法实施指南制定职责。但是，反垄断委员会从未公布过其制定发布反垄断法实施指南的规划。从目前的反垄断法实施指南制定成果看，我国对反垄断法实施指南体系无清晰规划。从一些报道看，反垄断委员会的工作计划似乎是分时段或按年制定的。例如，2008 年 9 月召开的反垄断委员会第一次会议“研究部署了下一阶段工作”，但主要部署“近期各有关部门的主要任务”，其中并未包含反垄断法实施指南制定规划的内容。[1]在国家发展改革委就一些反垄断法实施指南征求意见稿向社会公开征求意见的公告中[2]常提及“按照国务院反垄断委员会的部署”或“根据国务院反垄断委员会的工作计划”而起草相关指南，这表明一些指南的起草工作是根据反垄断委员会的工作安排开展的。但是，即使如此，这也不属于对我国反垄断法实施指南体系的整体规划。另外，十年间反垄断委员会正式公布的只有《关于相关市场界定的指南》一部指南，也表明其对我国反垄断法实施指南体系缺乏综合规划。可见，我国反垄断法实施指南体系构建缺乏整体主义观。

(二) 目标随意变更

我国《反垄断法》于 2008 年开始实施时，作为反垄断执法机构之一的国

---

[1] 具体见国务院批准反垄断委员会工作规则——王岐山主持召开国务院反垄断委员会第一次会议[N]. 人民日报，2008-09-14（2）.

[2] 具体可见《反垄断案件经营者承诺指南（征求意见稿）》和《横向垄断协议案件宽大制度适用指南（征求意见稿）》公开征求意见情况的通告［EB/OL］.（2016-03-03）[2018-12-30]. http://www.gov.cn/xinwen/2016-03/03/content_5048478.htm；《关于汽车业的反垄断指南（征求意见稿）》公开征求意见．［EB/OL］.（2016-03-03）[2018-12-30]. http://www.ndrc.gov.cn/gzdt/201603/t20160323_795743.html.

家发展改革委曾把制定《反垄断执法指南》作为“工作重点”[1]，但未有后续信息发布。这侧面反映我国对反垄断法实施指南体系构建缺乏整体考量。2015 年，按照反垄断委员会工作部署，国家发展改革委会同商务部、原国家工商总局等相关部门负责起草《关于对反垄断法第 46、47 条规定的执法指南》[2]，但后来却成了起草《宽大制度指南》《违法所得和罚款计算指南》和《垄断协议豁免程序指南》3 部指南。[3] 又如，我国商务部曾于 2009 年开始起草《经营者集中竞争评估指南》[4]，但 2011 年发布的是《关于评估经营者集中竞争影响的暂行规定》(商务部公告 2011 年第 55 号)。再如，原国家工商总局于 2009 年就开始起草《关于知识产权领域反垄断执法的指南》[5]，经过 6 年后，却发布了《关于禁止滥用知识产权排除、限制竞争行为的规定》(2015 年 4 月 7 日国家工商行政管理总局令第 74 号公布)。这些都表明，我国反垄断法实施指南体系构建缺乏整体主义思维。

(三)制定时限不清

如前所述，我国有关部门于 2009 年就启动了知识产权领域反垄断法实施指南的起草工作，但该工作历时 8 年后即 2017 年，才由反垄断委员会正式发布了《关于滥用知识产权的反垄断指南(征求意见稿)》。不过，该指南至今仍未完成制定。这表明，我国对该指南的制定发布缺乏时间规划。又如，国家发展改革委 2015 年就开始起草 6 部反垄断法实施指南，内容涉及知识产权滥用行为、汽车业反垄断规制、宽大制度、豁免程序、中止调查程序以及罚款额的计算等[6]，但目前这些指南虽经过了征求意见程序，但至今仍未出台，其间历时

[1] 李镭．总结经验，继往开来，开创制止价格垄断工作新局面——在贯彻《反垄断法》全国价格监督检查局长培训班上的讲话 [J]. 中国价格监督检查，2008 (8)：11-16.

[2] 国家发展改革委价监局召开“垄断行为违法所得及罚款计算”和“垄断协议豁免程序”课题开题会 [J]. 中国价格监管与反垄断，2015 (8)：5.

[3] 张汉东．国家发展改革委价格监督检查与反垄断局 2015 年工作情况和 2016 年主要工作安排 [J]. 中国价格监管与反垄断，2016 (3)：5-10.

[4] 反垄断局召开“经营者集中竞争评估指南报告会暨专家论证会”[EB/OL]. (2009-09-28) [2018-12-30]. http://fldj.mofcom.gov.cn/aarticle/xxfb/200909/20090906539720.html.

[5] 任爱荣．国家工商总局反垄断执法工作五年进展及展望 [J]. 中国价格监督检查，2013 (9)：10-13.

[6] 林远．汽车业《反垄断指南》起草工作启动 [N]. 经济参考报，2015-06-18 (3).

已逾3年。这些都表明我国对反垄断法实施指南的制定时限无具体规定，表明对反垄断法实施指南体系构建缺乏整体考虑。

（四）构建主体分化

虽然我国《反垄断法》仅授权反垄断委员会制定发布反垄断法实施指南，但从目前情况看，反垄断法实施指南呈现构建主体分化的局面。主要有：一是反垄断委员会发布。例如，2009年5月，反垄断委员会正式公布了《关于相关市场界定的指南》。又如，2017年4月，反垄断委员会公布了《关于滥用知识产权的反垄断指南（征求意见稿）》。二是反垄断委员会办公室起草。例如，2009年1月，承担反垄断委员会具体工作的商务部组织起草并公布了《关于相关市场界定的指南（草案）》并向社会征求意见。又如，2017年《关于滥用知识产权的反垄断指南（征求意见稿）》也是“委员会办公室在4家单位草案建议稿的基础上会同委员会专家咨询组研究提出”的。三是反垄断执法机构起草或制定发布。例如，前述商务部起草《经营者集中竞争评估指南》、国家发展改革委起草《关于汽车业的反垄断指南》等、原国家工商总局起草《关于知识产权领域反垄断执法的指南》等都属此类。值得注意的是，反垄断执法机构起草指南有时是根据反垄断委员会的“工作计划”或“部署”进行的。不过，有时反垄断执法机构也自行制定反垄断法实施指南，例如国家发展改革委发布了《行业协会价格行为指南》和国家发展改革委办公厅发布了《商业银行收费行为执法指南》[1]，商务部反垄断局也曾发布《关于经营者集中申报的指导意见》和《关于经营者集中简易案件申报的指导意见（试行）》。四是地方执法机构制定发布反垄断法实施指南。例如，四川省工商行政管理局于2015年发布了《关于加强反垄断执法工作的指导意见》，中国（广东）自由贸易试验区深圳前海蛇口片区管理委员会于2017年也发布了《中国（广东）自由贸易试验区深圳前海蛇口片区反垄断工作指引》。

[1] 值得说明的是，虽然《行业协会价格行为指南》和《商业银行收费行为执法指南》涉及《价格法》的适用问题，但都涉及《反垄断法》的适用问题，二指南也都明确提及。

（五）制定相对滞后

从制定结果看，十年间我国反垄断委员会正式发布的只有一部指南，其他指南仍在起草中，执法机构自行起草制定发布的指南也不多。因此。我国反垄断法实施指南制定发布总体上处于起步阶段。但是，我国诸多行业领域的垄断问题十分突出，严重影响人民基本生活。也就是说，我国产业政策与反垄断政策的关系需要通过反垄断法实施指南进行澄清。这样看来，我国反垄断法实施指南制定落后于经济发展的情况更为突出。另外，随着经济社会的快速发展，改革开放进一步深入，诸多领域的反垄断政策亟须阐述清楚。例如，我国对网络安全、标准必要专利、电子商务领域就缺乏积极回应，未能及时制定反垄断法实施指南予以回应。

（六）内容协调性不足

我国《反垄断法》是经过长期的酝酿才得以制定的，这表明我国反垄断问题的复杂性。我国《反垄断法》授权反垄断委员会制定发布反垄断法实施指南，意在由其统一原多头执法机构之间的反垄断法实施规则。可是，这带来了反垄断法实施指南的地位难题。也就是说，反垄断法实施指南既要与《反垄断法》有效协调，也要与其他基本法律有效协调，还要与反垄断执法规章乃至其他部委制定的规章进行协调。当然，我国目前不同主体起草制定的反垄断法实施指南之间也需要协调。可是，从目前情况看，我国反垄断法实施指南并未与其他法律法规形成有效协调。当然，这并不一定是完全由反垄断法实施指南单方面引起，有时是由其他法律法规造成。

例如，关于知识产权许可的反垄断法实施安全港规则问题，2017 年反垄断委员会发布的《关于滥用知识产权的反垄断指南（征求意见稿）》第 12 条阐明，如果经营者在相关市场的份额难以获得，或者市场份额不能准确反映经营者的市场地位，但在相关市场上除协议各方控制的技术外，存在 4 个或者 4 个以上能够以合理成本得到的由其他经营者独立控制的具有替代关系的技术，通常不将经营者达成的涉及知识产权的协议认定为垄断协议。但是，原国家工商总局

2015年制定的《关于禁止滥用知识产权排除、限制竞争行为的规定》第5条规定却不同，其区分横向协议和纵向协议，分别规定了4个替代性技术和2个替代性技术的安全港认定方法。可见，在替代性技术标准方面，上述两文件存在差异。

又如，国家发展改革委价格监督检查与反垄断局2016年发布的《横向垄断协议案件宽大制度适用指南（征求意见稿）》未对附加宽免作出规定，缺乏对宽大申请者身份信息保密的相关措施，也没有指出如何处理宽大制度与民事赔偿的关系。[1]

（七）公众参与程序欠规范

从一些指南的制定程序看，我国反垄断法实施指南制定基本都向社会公开征求意见。例如，在起草《关于汽车业的反垄断指南》过程中，国家发展改革委价格监督检查与反垄断局公开组织筹备会和3次工作会，开展2次问卷调查和系列访谈，大范围征求汽车业上中下游企业、消费者代表、专家学者的意见。工作会、问卷调查和访谈为深入论证指南的定位、目的与内容提供了有效的平台和畅通的渠道，在政务公开，提高透明度的同时，最大限度地发挥了相关方的积极性和优势，确保指南匹配我国汽车市场发展阶段以及汽车市场竞争与监管的需求。[2]不过，反垄断法实施指南制定过程中的公众参与程序也存在一些问题。主要有：征求意见主体不统一，有时是反垄断委员会征求意见，有时是反垄断执法机构征求意见；征求期限也不同，有的征求期限为20日，有的为21日，有的为25日，有的为30日，不统一也不严谨；从公众反馈意见后的程序看，有时公布了公众的意见，有时则概括地公布，有时则未公布意见。以下表6-1说明之。这都表明，我国在反垄断法实施指南的公众参与程序方面还不够规范。

[1] 綦书纬．完善我国《反垄断法》宽大制度的研究——兼就《横向垄断协议案件宽大制度适用指南（征求意见稿）》提出几点建议［J］．价格理论与实践，2016（3）：47-50.

[2] 卢延纯，苏华．汽车业反垄断指南起草若干重点问题的思考［J］．中国价格监管与反垄断，2016（3）：17-21.

表 6-1 反垄断法实施指南制定过程中的公众参与情况

征求意见内容	征求意见主体	征求意见日期	期限	公布征求意见情况
《关于相关市场界定的指南(草案)》	商务部	2009 年 1 月 7 日至 2009 年 1 月 31 日	25 日	有 3 人提交意见，完全公布意见。
《关于滥用知识产权的反垄断指南（征求意见稿)》	反垄断委员会	2017 年 3 月 23 日至 2017 年 4 月 21 日	30 日	未公布
《关于滥用知识产权的反垄断执法指南（原国家工商总局第七稿)》	原国家工商总局竞争执法局	2016 年 2 月 4 日至 2016 年 2 月 23 日	20 日	未公布
《反垄断案件经营者承诺指南（征求意见稿)》	国家发展改革委（价监局）	2016 年 2 月 3 日至 2016 年 2 月 22 日	20 日	公布了公众意见的总体情况
《关于垄断协议豁免一般性条件和程序的指南（征求意见稿)》	国家发展改革委（价监局）	2016 年 5 月 12 日至 2016 年 6 月 1 日	21 日	公布了公众意见的总体情况
《关于认定经营者垄断行为违法所得和确定罚款的指南》(征求意见稿)	国家发展改革委（价监局）	2016 年 6 月 17 日至 2016 年 7 月 6 日	20 日	公布了公众意见的总体情况
《横向垄断协议案件宽大制度适用指南》(征求意见稿)	国家发展改革委（价监局）	2016 年 2 月 3 日至 2016 年 2 月 22 日	20 日	公布了公众意见的总体情况
《关于汽车业的反垄断指南(征求意见稿)》	国家发展改革委（价监局）	2016 年 3 月 23 日至 2016 年 4 月 12 日	21 日	公布了公众意见的总体情况

综上可见，我国反垄断法实施指南构建存在体系规划不明、目标随意变更、制定时限不清、制定主体分化、制定严重滞后、内容协调性不足、公众参与程序欠规范的情况。因此，反垄断委员会正式发布的指南寥寥可数，虽然还有一些指南在起草制定过程中，但迟迟未能出台。与此同时，中央反垄断执法机构和地方反垄断执法机构却积极主动推动甚至直接制定发布反垄断法实施指南，使我国反垄断法实施指南体系构建呈现混乱局面。

第二节 我国经济发展方式转变对反垄断法实施指南的制度需求

我国《国民经济和社会发展第十二个五年规划纲要》明确指出，要以加快转变经济发展方式为主线，推动科学发展，在发展中促转变，在转变中谋发展。在《国国民经济和社会发展第十三个五年规划纲要》中，明确要求全面深化改革，坚持发展是第一要务，牢固树立和贯彻落实创新、协调、绿色、开放、共享的发展理念，其中加强经济发展方式转变是重要内容。在经济发展方式转变中，完善的反垄断法实施指南是重要支撑。

一、促进经济结构战略性调整方面

推进经济结构战略性调整是实现经济可持续发展的重要举措，其重点在于推进产业结构优化升级，建立新的产业格局，促进经济增长。市场固然在资源配置中起着主导作用，但对于资本过度集中而引发的垄断问题，还需要有相关法律加以支撑。经济结构调整涉及企业并购问题，更涉及反垄断法中的经营者集中审查问题，因此需要更为科学合理的反垄断法实施指南进行指引。又如，在产业结构调整中也会涉及垄断协议问题，无论是产业中具有竞争关系的企业之间，还是产业链上下游企业之间，一旦出现垄断协议，仅靠市场疏导无法有效解决有关问题。而制定反垄断法实施指南，不仅有利于反垄断执法机构明确执法程序和内容，通过指南明确地告知经营者有关市场行为的法律后果，也有利于经营者能够明晰自己的行为是否构成垄断以及是否能够免责，使企业能够更高效有序地运转，更能够达到保护消费者合法权益和维护社会主义市场经济秩序的最终目的。因此，反垄断法实施指南对促进经济结构战略性调整至关重要。

二、科技创新驱动升级方面

科技创新需在竞争中不断地优胜劣汰、调整升级。我国《反垄断法》从宏观角度规制市场上排除、限制竞争的行为，但在相关行业领域是远远不够的，最为突出的就是知识产权领域。知识产权人依其知识产权享有一定的优势，一旦产生垄断，不仅限制技术进步，更会损害消费者权益，阻碍社会进步。如果知识产权人是合法取得的产权，那么其实施的垄断行为就具有相当大的隐蔽性。因此，国务院 2015 年 12 月发布的《关于新形势下加快知识产权强国建设的若干意见》明确提出，要“完善规制知识产权滥用行为的法律制度，制定相关反垄断执法指南”。因此，若期待科技创新驱动升级，就必须以更完善的反垄断法实施指南来保障竞争的有序性、合法性。我国有关部门正在起草知识产权领域的反垄断法实施指南，但该指南草案忽略了中国属于技术进口国家这一客观事实，其中对知识产权许可限制的容忍度已经明显超出了发达国家所能容忍的限度，这不利于我国建设创新型国家这一目标的实现。[1]

三、民生保障改善方面

民生保障涉及农业、能源、交通、医疗等诸多行业领域，其中的反垄断法的实施尤为重要但又复杂，因此需要以反垄断法实施指南予以明确。其中，农业是基础分散性行业，能源行业是重要资源稀缺性行业，交通行业涉及安全保障问题，医疗行业既涉及技术性服务又涉及人民生命安全，因此这些行业中的反垄断法实施需要考虑行业特殊因素。可见，在涉及民生保障的行业，既存在反垄断法的豁免问题，也存在规模经济和经济效率的考量问题，更存在对经济因素之外相关因素的分析问题。这就使得相关行业领域的反垄断法实施十分复杂。为此，通过反垄断法实施指南指引就十分必要。只有这样，经营者才可明确地在法律允许的范围内行使市场权利，消费者可在规范的市场竞争中获益并获得基本生活保障。

---

[1] 郑鹏程，肖小梅．论我国反垄断法规制知识产权许可限制的基本立场——兼评《关于知识产权领域反垄断执法的指南》[J]．河南社会科学，2013（2）：43-46.

四、资源节约型社会建设方面

建立资源节约型社会是贯彻落实科学发展观的重要举措，其目的在于提高资源利用效率，优化资源配置，从而获得最大的经济和社会效益。然而，由于地区经济的差异，个别资源分配不均甚至是资源垄断的现象仍然存在。资源分为两种，一种是物质性资源，如石油、黄金等；另一种是非物质性资源，如专利、发明等。前者的垄断会导致资源利用效率低下、资源浪费、环境污染；后者的垄断会导致专业领域内排除、限制竞争，影响行业的进步和创新。因此，资源领域的反垄断法实施指南的建构迫在眉睫。

五、环境友好型社会建设方面

环境友好型社会建设需要全社会的共同努力，企业应当肩负起相应的社会责任，而企业的自我调整和革新需要进一步的法律指引。环境友好型社会建设涉及环境保护技术、环境保护标准；涉及相关新技术的研发，也涉及落后技术的淘汰；涉及创新型企业的知识产权保护，也涉及落后企业的关停并转，还涉及废旧利用的各个环节；既涉及相关企业的行为，也涉及环境保护机关的行为，还涉及环境保护组织的行为。因此环境友好型社会建设就可能涉及环保技术保护与技术滥用规制的平衡问题、环境保护的企业并购审查问题、环境保护的垄断协议问题、环境保护的行政性垄断问题。这都需要有相关反垄断法实施指南予以指引之。

六、深化改革开放方面

改革开放以来，中国加速融入世界一体化进程，而跨境资本流通和贸易往来是一种典型的双面型经济发展模式。一方面，这有利于吸引外资和技术，优化国内企业生产模式和要素，推动技术革新并拓宽市场；另一方面，外资的涌入对我国的经济秩序和规则也是一种冲击，如果不加以规范和约束，必将出现一些损害竞争的垄断行为。以目前已生效的《外国投资者并购境内企业反垄断申报指南》为例，其体系建设较为完善、内容也较为全面，但规定较为简略，难以应对跨境交易中的新形势。这就对我国反垄断法实施指南的制定提出了新的要求。

第三节　我国反垄断法实施指南制度构建建议

我国反垄断法实施指南制度构建问题包括反垄断法实施指南体系构建所应遵循的基本原则问题，包括当前时期反垄断法实施指南体系构建的重点内容问题，也包括反垄断法实施指南体系构建技术问题。

一、因应经济社会发展需要制定统一的反垄断法实施指南体系

反垄断法实施指南是反垄断法与市场经济的媒介，因此，反垄断法实施指南体系构建应遵循因应经济社会发展需要而构建的基本原则。❶其中主要内容有3个方面。一是反垄断法实施指南体系构建应符合市场经济规律。总体而言，反垄断法主要是应对垄断地位滥用、通过企业联合实施垄断、通过集中图谋垄断、通过行政权力获取垄断的规制，既涉及垄断经营行业，又涉及非垄断经营行业，涉及通过技术手段实施的垄断，也涉及通过非技术手段实施的垄断，并涉及人们基本生活的方方面面。因此，不同国家地区的反垄断法实施指南体系具有大体相同的内容。二是反垄断法实施指南体系构建应与本国经济发展阶段相适应。也就是说，反垄法实施断指南需要回应的是一个国家在一定历史时期的社会经济发展情况。我国反垄断法的实施须解决的是中国市场经济运行中的垄断问题，而反垄断委员会发布的有关相关市场界定的指南基本是欧盟相关市场界定指南的简化版，属于反垄断法解释的西化，未能紧密结合中国实

❶　国务院2017年《规章制定程序条例》第6条规定，制定规章，应当体现全面深化改革精神，科学规范行政行为，促进政府职能向宏观调控、市场监管、社会管理、公共服务、环境保护等方面转变。

际。虽然中国《反垄断法》的立法蓝本是欧盟竞争法，但是也应根据自身市场特点发展特色制度，尽管这一过程是漫长的。因此，我国的反垄断法实施指南体系应是基于我国反垄断法与经济社会发展需要而构建的体系，而不是简单的借鉴发达国家地区的经验。三是反垄断法实施指南体系构建应考虑新经济发展情况。时代在发展，社会在进步，经济领域也在不断创新，网络安全、电子商务、标准必要专利等新领域都涉及反垄断法实施问题，都需要反垄断法实施指南予以回应。概言之，反垄断法实施指南体系建构需因应社会经济发展而建构和不断完善。

综上分析，一个较为完善的反垄断法实施指南体系应包括以下部分：(1) 反垄断法一般问题指南。反垄断法一般问题指南包括企业合并指南、企业联合行为指南、罚款设定指南、罚款减免指南、承诺指南等。(2) 特殊领域反垄断法实施指南。其中主要包括知识产权领域反垄断法实施指南、跨国经营领域反垄断法实施指南、环境保护领域反垄断法实施指南等。(3) 特殊行业反垄断法实施指南。其中包括水、电、气、电信、医疗、保险、银行业、交通行业、邮政行业、汽车行业、旅游业等领域的反垄断法实施指南。(4) 新经济领域反垄断法实施指南。其中主要涉及电子商务、网络安全、信息分享等领域的反垄断法实施指南等。

二、经济发展方式转变视野下的反垄断法实施指南重要内容

我国当前正处于经济发展方式转变的关键时期，构建科学的反垄断法实施指南体系具有必要性。当前，我国经济发展面临着国际和国内双重压力，既要发展规模经济，又要反对垄断。在这种背景下，我国的经济发展方式转变在深度、广度方面都是突破性的。对此，反垄断法的实施必须在各经济领域全面展开，这就要求我国要在较短周期内构建完善的反垄断法实施指南体系。我国经济发展方式转变强调经济结构调整、科技创新、民生保障、环境保护、扩大开放，这些领域的反垄断法实施难题需要厘清，因此亟须制定企业合并、知识产权、有关民生保障的行业（银行、保险、电力、供水、供气、铁路、石油、通信、邮电等行业）、环境保护、对外贸易领域的指南。当然，反垄断法一般适用问题指南的构建也不可忽视。以下具体分析之。

1. 经营者集中反垄断法实施指南

经济结构调整要注重各行业领域的发展协调，以促进新型工业化、信息化、城镇化、农业现代化同步发展，其中尤其涉及企业与企业之间的合并、投资、联营，因而不可避免地触及反垄断法适用问题，因此需要构建经营者集中反垄断法实施指南予以保障。此外，我国关于经营者集中附条件许可的相关规定仍较原则，缺乏操作指南，因此也需出台相关反垄断法实施指南。[1]

2. 跨国经营反垄断法实施指南

扩大开放的重点是发展更高层次的开放型经济。当然，发展开放型经济也存在国家安全维护问题。因此，我国反垄断法的涉外适用是一个十分棘手的问题。我国《反垄断法》虽然规定了外资并购的国家安全审查事宜，但目前尚未有相关指南予以指引，[2] 尤其是关于反垄断审查与国家安全审查在实体法和程序法上的关系处理问题。在这种背景下，跨国经营反垄断法实施指南需尽快制定公布。

3. 网络经济领域反垄断法实施指南

网络经济既是科技创新的内容，也是涉及经济结构调整的重大问题。当前，互联网经济呈扩散性发展趋势，“互联网 +”经济不断发展，消费互联网向产业互联网发展，高端智能平台垄断、经营纵向一体化垄断、算法垄断等反垄断法难题已出现，因此需要有较为有效的反垄断法实施指南予以指引。

4. 知识产权领域反垄断法实施指南

科技创新会带来知识产权市场的重大变革，其中知识产权保护与反垄断法的关系需要有效协调。这就需要有清晰的反垄断法实施指南进行指导。因此，我国关于知识产权许可的反垄断法实施指南须科学制定。

---

[1] 娄丙录，朱琳. 我国经营者集中附加结构性条件批准法律制度研究［J］. 河南财经政法大学学报，2016（5）：124-131.

[2] LI X X.National Security Review in Foreign Investments：A Comparative and Critical Assessment on China and U.S. Laws and Practices［J］. Berkeley Business Law Journal, 2016, 13（1）：255-311, at 264.

5. 民生保护的反垄断法实施指南

在我国，大型企业还十分普遍存在，滥用市场支配地位行为经常出现，严重损害人民基本生活，水、电、气、电信、医疗、保险、银行业、交通行业、邮政行业尤其如此。因此，民生领域存在较大的反垄断法实施指南制度需求。值得指出的是，今后若进一步深化垄断行业改革，诸多行业实现市场化，相关反垄断法适用问题将不再突出，反垄断法实施指南的制度需求将减少。

6. 环保领域的反垄断法实施指南

环境领域通常是反垄断法的豁免领域，尤其是垄断协议方面。但是，随着经济发展，环保领域的滥用问题、企业合并问题、行政性垄断问题将十分突出，因此需要制定反垄断法实施指南进行指引。

三、对我国反垄断法实施指南制度构建的具体建议

1. 由反垄断委员会统一集中行使反垄断法实施指南制定权

虽然我国反垄断委员会为法定的反垄断法实施指南制定机关，但现实情况是，反垄断执法机构或其下属机构乃至地方反垄断执法机构都曾积极参与或径直制定发布反垄断法实施指南。这会导致反垄断法实施指南之间的冲突，也会滋生地方保护主义。因此，今后正确的做法仍是由反垄断委员会统一集中行使反垄断法实施指南制定权。这就需要反垄断委员会积极履行其职能，而不是将相关工作完全交给反垄断执法机构。为此，反垄断委员会组成制度应进行改革，尤其是应设置专家专职委员，以保障反垄断委员会工作的有效开展。另外，中央反垄断执法机构即目前的国家市场监督管理总局只能根据反垄断委员会的统一部署参与相关工作，而不可直接制定发布反垄断法实施指南。地方反垄断执法机构更不得制定发布反垄断法实施指南。

2. 明确反垄断法实施指南制定周期规划

从目前看，我国反垄断委员会在制定反垄断法实施指南方面缺乏统一规

划，这严重影响我国反垄断法实施指南体系的构建。因此，建议反垄断委员会拟定反垄断法实施指南体系构建的长期规划，包括五年规划、十年规划乃至更长的时间规划。

3. 尽快制定紧迫性行业领域反垄断法实施指南

当前，许多领域的反垄断法实施很难开展，尤其是跨国经营、新经济领域。因此，建议我国尽快制定跨国经营反垄断法实施指南和网络经济领域的反垄断法实施指南。

4. 科学合理阐述反垄断法实施内容

我国各项反垄断法实施指南应做到结构安排的规范性，按照法律推理的逻辑安排内容。各指南一般应按引言、反垄断法的说明、行业法的说明、指南的目的、基本原则、分析方法、具体适用分析的顺序安排结构。在具体适用分析部分，反竞争情事分析与安全港分析应兼顾。反垄断法实施指南应处理好反竞争情事与执法安全港之间的关系，建立科学的安全港规则体系，即安全港行业（如战略性新兴产业、农业、跨地区产业并购的情形）、安全港行为（如可豁免的联合行为、循环经济行为、低碳技术交易行为、对外贸易行为等）、安全港指数（如合并后市场份额小于20%或30%的情形）。此外，我国反垄断法实施指南应协调好与部门规章、部门解释的关系。

5. 恰当使用语言表述

反垄断法实施指南应做到语言表述的可理解性，注意生活语词、时代语词、行业语词、法律语词的有效运用。从表达技术看，鉴于指南对市场主体的指引性，应加大一般生活语词的使用比例，并注意语言的时代性、专业性。

6. 完善社会参与程序

这就要求反垄断法实施指南制定主体处理好指南与现行法律、行政法规的关系，不得突破立法，要依据法定程序制定，尤其应扩大指南制定中的社会参与，广泛听取经营者、消费者、行业协会以及专家学者的建议，以使指南成为整个社会的“重叠共识”，使指南获得理论和实践上的正当性。此外，还应重视反垄断法实施指南建构国际合作。[1]

7. 采取与相关部委联合发布的方式

反垄断委员会虽拥有法定的反垄断法实施指南制定权，但目前其属性为国务院咨询议事机构，这极大限制了其权力的行使。因此，为保障反垄断法实施指南制定的统一性、实施的有效性，当前反垄断委员会在制定指南时应根据情形吸收反垄断执法机构和行业管制机构的适量人员参与，发布反垄断法实施指南时联合相关部门发布。

8. 建立反垄断法实施指南评估与更新制度

随着经济社会的发展，原制定发布的反垄断法实施指南可能存在不适应经济发展的情况，需要进行更新。[2]因此，建立反垄断法实施指南评估制度尤为重要，应在进行科学评估的基础上对反垄断法实施指南进行适当更新。因此，反垄断法实施指南应做到内容的适时完善性，根据时代发展需要安排更新或替代；从完善技术看，指南应注意适时修改、废止和系统化，以回应经济社会发展的变化。反垄断委员会应持续调查、评估各行各业的总体竞争状况，并根据其发展趋势，适时更新与增补指南。

---

❶ 例如，日本公正交易委员会在制定《关于标准化与专利联营的指南》过程中不仅广泛听取国内社会各界的意见，还与美国司法部、联邦贸易委员会、欧盟委员会进行沟通，其中有一个国际协调过程，以吸收各国的实践经验。参见：张波．日本公平交易委员会 2005 年指南及其对我国的启示［J］．电子知识产权，2006（6）：33-36.

❷ 国务院 2017 年《规章制定程序条例》第 37 条也规定，国务院部门，省、自治区、直辖市和设区的市、自治州的人民政府，应当根据全面深化改革、经济社会发展需要以及上位法规定，及时组织开展规章清理工作。对不适应全面深化改革和经济社会发展要求、不符合上位法规定的规章，应当及时修改或者废止。

结语

从全球视域看，反垄断法实施指南的建构史已有50年。当前，美国和欧盟等发达国家或地区都已建构了各自的反垄断法实施指南体系。反垄断法制定较迟的国家也纷纷移植反垄断法实施指南制度。然而，学界对反垄断法实施指南的研究还处于不被重视的时期，我国更是如此。因此，认识反垄断法实施指南的制度本质，探讨反垄断法与经济社会发展的关系，分析反垄断法实施指南的建构问题至关重要。

从本质看，反垄断法实施指南具有非正式法律渊源的形式理性，又具有正式法律渊源的实践理性。从形式理性看，反垄断法实施指南是反垄断法实施机关发布的有关如何进行反垄断执法的解释说明，为自由裁量权行使说明文件，不具有正式法律渊源的地位和效力。但从实践理性看，反垄断法实施指南阐明了执法机关的执法原则、执法倾向及推理方法，是执法机关实施反垄断法的实践规则，也是司法机关适用反垄断法时常常援引的规则来源。因此，反垄断法实施指南又具有正式法律渊源的属性，是实践运行中的反垄断“活法”。

从生命力看，反垄断法实施指南是经济发展方式转变的“回应型”法律机制。由于反垄断法实施指南是反垄断法实施机关进行法律适用与推理的实践规则，因此其从根本上决定了反垄断法实施的广度和深度。由于反垄断法实施指南在形式上具有一定的非正式性，反垄断法实施机关较易根据经济社会发展需要进行修改调整，进而反映出反垄断法实施的灵活性或政策性。因此，在经济发展方式转变中，制定或修改反垄断法实施指南能在一定程度上可促进某一或某些社会经济目标的实现。

从规范性看，美国、欧盟以及其他发达国家和地区都建构了合理的反垄断法实施指南体系，并遵循一定的规范性。从框架体系看，反垄断法实施指南涉及反垄断法实施一般指南和特殊行业反垄断法实施指南，涉及企业合并、垄断协议、知识产权、跨国经营以及特殊行业等领域。从建构周期看，一个国家的经济发展方式转变的广度和深度决定了该国反垄断法实施指南体系建构的时间周期：经济发展方式转变越快，涉及领域越广，反垄断法实施指南建构的周期应越短。从建构主体看，指南的制定主体通常应是具体实施反垄断法的机构。各国的反垄断执法权配置模式不同，指南的制定主体也不同。从建构程序看，指南的制定并无固定的程式，但采取类似立法的程序制定，以拟定草案、征求意见、讨论、通过、公告的步骤形成更为理性。其中，应扩大社会参与，必要时进行听证，以实现程序正义。从相关关系看，反垄断法实施指南不得与基本法律、行政法规冲突。从域外实践看，一些指南的内容突破了基本法律、行政法规，但从制度理性看，这有损实体正义。从结构技术看，各指南一般应按引言、反垄断法的说明、行业法的说明、指南的目的、基本原则、分析方法、具体适用分析的顺序安排结构。就特殊行业指南的具体适用分析而言，可按滥用行为、垄断协议、企业合并的类型化顺序分析，也可按生产行业、批发业、零售业的顺序分析，可按特殊行业的具体业务类型分析，也可按照个体经营者、企业经营者、经营者团体的顺序分析，也可按照反垄断法违法风险大小进行分析，也可综合以上方式分析。对于不同领域的指南，应选择最佳的结构方案。从表达技术看，鉴于指南对市场主体的指引性，应加大一般生活语词的使用比例，并注意语言的时代性、专业性。从完善技术看，指南应注意适时修改、废止和系统化，以回应经济社会发展的变化。

就我国而言，我国应根据经济发展方式转变，构建科学的反垄断法实施指南体系，具体包括对所有行业或领域都适用的一般适用指南，如合并指南、竞争者联合行为指南等，也包括涉及知识产权、管制行业、环境保护、域外适用问题的特殊指南，以促进我国经济结构战略性调整、科技创新驱动升级、民生保障改善、资源节约型、环境友好型社会建设和深化改革开放。在构建技术上，反垄断委员会统一集中行使反垄断法实施指南制定权，明确反垄断法实施指南的制定周期，加强紧迫性反垄断法实施指南的制定，建立指南评估与更新制度至关重要。

参考文献

一、外文文献

(一)著作

[1] Lévêque F, Shelanski H. Merger Remedies in American and European Union Competition Law: Guidelines for Merger Remedies-Prospects and Principles [M]. Cheltenham: Edward Elgar, 2003.

[2] Pace L F. European Competition law: The Impact of the Commission's Guidance on Article 102 [M]. Cheltenham: Edward Elgar, 2011.

[3] Ezrachi A. EU Competition Law: An Analytical Guide to the Leading Cases [M]. Oxford, UK: Hart Publishing, 2014.

[4] Epstein R A. Antitrust Consent Decrees in Theory and Practice [M]. Washington: The AEI Press, 2007.

[5] Subiotto R, Snelders R. Antitrust Developments in Europe 2002 [M]. Hague & London: Kluwer Law International, 2003.

[6] Rodger B J, MacCulloch A. Competition Law and Policy in the EC and UK [M]. London: Cavendish Publishing Limited, 1999.

[7] Cucinotta A, Pardolesi R, Bergh R V. Post-Chicago Developments in Antitrust Law [M]. Cheltenham: Edward Elgar, 2002.

[8] Areeda P, Kaplow L, Edlin A. Antitrust Analysis: Problems, Text and Cases [M]. New York: Aspen Publishers, 2004.

[9] Peritz R J R. Competition Policy in America, 1888-1992: History, Rhetoric, Law [M]. Oxford: Oxford University Press, 1996.

(二)论文

[10] GREENE H. Guideline Institutionalization: The Role of Merger Guidelines in Antitrust Discourse [J]. William & Mary Law Review, 2006, 48(3): 771-857.

[11] BECKER G B. The U.S. Horizontal Merger Guidelines after One Half Century: Three Steps Forward and One Step Back [J]. Antitrust Bulletin, 2018, 63(1): 137-151.

[12] MEESE A J, STAFFORD S L. Were the 1982 Merger Guidelines Old News [J]. Journal of Competition Law and Economics, 2017, 13(4): 577-608.

[13] SALINGER M A. The 2010 Revised Merger Guidelines and Modern Industrial Economics [J]. Review of Industrial Organization, 2011, 39(1): 159-168.

[14] BLUMENTHAL W. Thirty-One Merger Policy Questions Still Lingering After the 1992 Guidelines [J]. Antitrust Bulletin, 1993, 38(3): 593-642.

[15] SIDAK J G, TEECE D J. Rewriting the Horizontal Merger Guidelines in the Name of Dynamic Competition [J]. George Mason Law Review, 2009, 16(4): 885-894.

[16] HAYSLETT T L III, 1995 Antitrust Guidelines for the Licensing of Intellectual Property: Harmonizing the Commercial Use of Legal Monopolies with the Prohibitions of Antitrust Law [J]. Journal of Intellectual Property Law, 1996, 3(2): 375-406.

[17] AZIZ A H. Defining Technology and Innovation Markets: The DOJ's Antitrust Guidelines for the Licensing of Intellectual Property [J]. Hofstra Law Review, 1995, 24(2): 475-514.

[18] HAMILTON C. Adequacy of the 1995 Antitrust Guidelines for the Licensing of Intellectual Property in Complex High-Tech Markets [J]. Computer Law Review & Technology Journal 2002, 7(1): 23-44.

[19] SCHNEIDER H, LICHT S, CALLAN N. A Hitchhiker's Guide to Antitrust and Intellectual Property Guidelines [J]. Antitrust, 2017, 31(2): 65-72.

[20] KORAH V. White Paper on Modernization and Decentralization of EC Competition Enforcement [J]. International Intellectual Property Law & Policy, 2001, (6): 103-1-

103–16.

[21] JPARK J Y. PHOs and the 1996 Federal Antitrust Enforcement Guidelines: Ensuring the Formation of Procompetitive Multiprovider Networks [J]. Northwestern University Law Review, 1997, 91(4): 1684–1728.

[22] MONROE M S, SEITZ W J. Health Care under the Antitrust Guidelines [J]. University of Cincinnati Law Review, 1995, 64(1): 71–104.

[23] HIRSHFELD E. Interpreting the 1996 Federal Antitrust Guidelines for Physician Joint Venture Networks [J]. Annals of Health Law, 1997, (6): 1–50.

[24] BRADLEY E. Accountable Care Organizations Antitrust Guidelines Will Not Save Rural Providers [J]. Journal of Legal Medicine, 2013, 34(3): 295–311.

[25] BROCKBANK D. The 1995 International Antitrust Guidelines: The Reach of U.S. Antitrust Law Continues to Expand [J]. Journal of International Legal Studies, 1996, 2(1): 1–40.

[26] ANTHONY R A. Interpretive Rules, Policy Statements, Guidances, Manuals, and the Like--Should Federal Agencies Use Them to Bind the Public [J]. Duke Law Journal, 1992, 41(6): 1311–1384.

[27] WALLER S W. Prosecution by Regulation: The Changing Nature of Antirust Enforcement [J]. Oregon Law Review, 1998, 77(4): 1383–1450.

[28] STEUER R M. Counseling Without Case Law [J]. Antitrust Law Journal, 1995, 63(3): 823–852.

[29] BAKER D I, RUSHKOFF B. The 1988 Justice Department International Guidelines: Searching for Legal Standards and Reassurance [J]. Cornell International Law Journal, 1990, 23(3): 405–440.

[30] LIM D. State Interest as the Main Impetus for U.S. Antitrust Extraterritorial Jurisdiction: Restraint through Prescriptive Comity [J]. Emory International Law Review, 2017, 31(3): 415–448.

[31] SMYRNOVA K. Rethinking EU Soft Law: New Dimensions in Competition Law [J]. Law Ukraine: Legal Journal, 2013, 2013(3): 125–132.

[32] KOVACS A, TOTH T, FORGACS A. Effects of European Soft Law at National

Administrative Court [J]. Loyola University Chicago International Law Review, 2016, 14(1): 1–30.

[33] GEORGIEVA Z. Soft Law in EU Competition Law and Its Judicial Reception in Member States: A Theoretical Perspective [J]. German Law Journal, 2015, 16(2): 223–260.

[34] JORDE T M. Coping with the Merger Guidelines and the Government's "Fix-It-First" Approach: A Modest Appeal for More Information [J]. The Antitrust Bulletin, 1987, 32(3): 579–608.

[35] SHIMP R G. A Critical Review of the Justice Department's 1988 Antitrust Guidelines for International Operations [J]. North Carolina Journal of International Law and Commercial Regulation, 1989, 14(2): 287–314.

[36] FUGATE W L. The New Justice Department Antitrust Enforcement Guidelines for International Operations--A Reflection of Reagan and, Perhaps, Bush Administration Antitrust Policy [J]. Virginia Journal of International Law, 1989, 29(2): 295–346.

[37] ARQUIT K L. Perspectives on the 1992 U.S. Government Horizontal Merger Guidelines [J]. Antitrust Law Journal, 1992, 61(1): 121–138.

[38] GOLDEN B. The Evolution of Horizontal Mergers and the 1992 Merger Guidelines [J]. New England Law Review, 1993, 28(1): 159–188.

[39] WILLCOX T C. Behavioral Remedies in a Post-Chicago World: It's Time to Revise the Vertical Merger Guidelines [J]. The Antitrust Bulletin, 1995, 40(1): 227–256.

[40] BERG W, LIPSTEIN R. The Revised Merger Remedies Notice—Some Comments [J]. European Competition Law Review, 2009, 30(6): 281–285.

[41] TURK M D V. The European Commission's Revised Remedies Notice – The Trustee's Perspective [J]. European Competition Law Review, 2009, 30(7): 332–339.

[42] KNIGHT A. Out with the Old, in with the New Comparing 1992 US Horizontal Merger Guidelines with the 2010 US Horizontal Merger Guidelines [J]. Southampton Student Law Review, 2011, 1(1): 80–92.

[43] ABRAMSOM B D. Trolling around the Patent-Antitrust Interface: The Roots of the NPE Challenge and the Role of Antitrust in Patent Reform [J]. Antitrust Bulletin, 2014, 59(2):

221–280.

[44] JAMES C A. Overview of the 1992 Horizontal Merger Guidelines [J] . Antitrust Law Journal, 1993, 61(2): 447–458.

[45] LI X X. National Security Review in Foreign Investments: A Comparative and Critical Assessment on China and U.S. Laws and Practices [J]. Berkeley Business Law Journal, 2016, 13(1): 255–311

[46] GRIMWADE T, WALKER J. Mergers: A 20 Year Retrospective [EB/OL]. (2013–05–04) [2018–12–30]. http: //www.accc.gov.au/speech/mergers–a–20–year–retrospective.

[47] LEONARD G. The 2010 Merger Guidelines: Do We Need Them ? Are They All We Need? [EB/OL] . (2018–10–28) [2018–12–30] . https: //www.competitionpolicyinternational.com/the–2010–merger–guidelines–do–we–need–them–are–they–all–we–need/.

[48] BRANNON L, BRADISH K. The Revised Horizontal Merger Guidelines: Can the Courts Be Persuaded? [J/OL] . theantitrustsource(October 2010) [2018–12–30] . https: //www.americanbar.org/content/dam/aba/publishing/antitrust_source/Oct10_Brannon10_21f.authcheckdam.pdf.

[49] HAUSMAN J. 2010 Merger Guidelines: Empirical Analysis [J/OL] . theantitrustsource(October 2010) [2018–12–30] . https: //www.americanbar.org/content/dam/aba/publishing/antitrust_source/Oct10_Hausman10_21f.pdf.

(三) 官方文件

[50] U.S. Department of Justice, Horizontal Merger Guidelines (1968, 1982, 1984).

[51] U.S. Department of Justice and the Federal Trade Commission, Horizontal Merger Guidelines(1992, 1997, 2010).

[52] U.S. Department of Justice, Non–Horizontal Merger Guidelines(1984).

[53] U.S. Department of Justice and the Federal Trade Commission, Antitrust Guidelines for the Licensing of Intellectual Property(1995, 2017).

[54] U.S. Department of Justice and the Federal Trade Commission, Antitrust Guidelines for Collaborations Among Competitors(2000).

[55] U.S. Department of Justice and the Federal Trade Commission, Antitrust Guidelines for International Enforcement and Cooperation(2017).

[56] U.S. Department of Justice and the Federal Trade Commission, Antitrust Guidance for Human Resource Professionals(2016).

[57] U.S. Department of Justice and the Federal Trade Commission, Statements of Antitrust Enforcement Policy in Health Care(1996).

[58] U.S. the Bureau of Competition of the Federal Trade Commission, Statement of the Federal Trade Commission's Bureau of Competition on Negotiating Merger Remedies(2003).

[59] U.S. the Bureau of Competition of the Federal Trade Commission, Statement of the Federal Trade Commission's Bureau of Competition on Negotiating Merger Remedies(2012).

[60] U.S. Department of Justice Antitrust Division, Antitrust Division Policy Guide to Merger Remedies(2004).

[61] U.S. Department of Justice Antitrust Division, Antitrust Division Policy Guide to Merger Remedies(2011).

[62] European Commission, White Paper on Modernisation of the Rules Implementing Articles 85 and 86 of the EC Treaty), 1999.

[63] EU Commission, Notice on the Definition of the Relevant Market for the Purposes of Community Competition Law(97/C 372/03).

[64] European Commission, Guidelines on the Applicability of Article 101 of the Treaty on the Functioning of the European Union to Horizontal Cooperation Agreements(2011/C 11/01).

[65] European Commission, Guidelines on the Assessment of Horizontal Mergers under the Council Regulation on the Control of Concentrations Between Undertakings (2004/C 31/03).

[66] European Commission, Guidelines on the Assessment of Non-horizontal Mergers under the Council Regulation on the Control of Concentrations Between Undertakings (2008/C 265/07).

[67] European Commission, Guidelines on the Application of Article 81 of the EC Treaty to Technology Transfer Agreements (2004/C 101/02).

[68] European Commission, Guidance on the Commission's Enforcement Priorities in Applying

Article 82 of the EC Treaty to Abusive Exclusionary Conduct by Dominant Undertakings (2009/C 45/02).

[69] European Commission, Guidelines on Vertical Restraints(2010/C 130/01).

[70] European Commission, Guidelines on the Effect on Trade Concept Contained in Articles 81 and 82 of the Treaty(2004/C 101/07).

[71] European Commission, Guidelines on the Application of Article 81(3) of the Treaty (2004/C 101/08).

[72] European Commission, Guidelines on the Method of Setting Fines Imposed Pursuant to Article 23(2)(a) of Regulation No 1/2003 (2006/C 210/02).

[73] European Commission, Notice on Immunity from Fines and Reduction of Fines in Cartel Cases (2006/C 298/11).

[74] European Commission, Notice on Remedies Acceptable under Council Regulation (EEC) No 4064/89 and under Commission Regulation (EC) No 447/98(2001/C 68/03).

[75] European Commission, Notice on Remedies Acceptable under Council Regulation (EC) No 139/2004 and under Commission Regulation (EC) No 802/2004(2008/C 267/01).

(四)案例

[76] Case C-397/03 P Archer Daniels Midland and Archer Daniels Midland Ingredients v Commission [2006] ECR I-4429.

[77] Case T-439/07 Coats Holdings Ltd, v European Commission，ECLI: EU: T: 2012: 320.

二、中文文献

(一) 著作

[1] 孟德斯鸠. 论法的精神（上册）[M]. 张雁深，译. 北京：商务印书馆，1963.

[2] R. M. 昂格尔. 现代社会中的法律 [M]. 吴玉章，周汉华，译，北京：译林出版社，2001.

[3] P·诺内特，P·塞尔兹尼克. 转变中的法律和社会：迈向回应型法［M］. 张志铭，译. 北京：中国政法大学出版社，2004.

[4] 哈贝马斯. 在事实与规范之间——关于法律和民主法治国的商谈理论［M］. 童世骏，译. 北京：生活·读书·新知三联书店，2003.

[5] E. 吉尔霍恩，W. E. 科瓦西克. 反垄断法律与经济［M］. 王晓晔，注. 北京：中国人民大学出版社，2001.

[6] 理查德·A·波斯纳. 反托拉斯法［M］. 孙秋宁，译. 北京：中国政法大学出版社，2003.

[7] 村上政博. 日本禁止垄断法［M］. 姜姗，译. 北京：法律出版社，2008.

[8] 根岸哲、舟田正之. 日本禁止垄断法概论［M］. 王为农，陈杰，译. 北京：中国法制出版社，2007.

[9] 苏永钦. 经济法的挑战［M］. 北京：清华大学出版社，2005.

[10] 叶明. 经济法实质化研究［M］. 北京：法律出版社，2005.

[11] 王晓晔. 竞争法学［M］. 北京：社会科学文献出版社，2007.

[12] 王晓晔. 反垄断法［M］. 北京：法律出版社，2011.

[13] 王炳. 反垄断非强制性执法制度与实践分析［M］. 北京：法律出版社，2011.

[14] 刘宁元. 中外反垄断法实施体制研究［M］. 北京：北京大学出版社，2005.

[15] 李国海. 反垄断法实施机制研究［M］. 北京：中国方正出版社，2006.

[16] 文学国，孟雁北，高重迎. 反垄断法执行制度研究［M］. 北京：中国社会科学出版社，2011.

[17] 曹士兵. 反垄断法研究［M］. 北京：法律出版社，1996.

[18] 吕明瑜. 竞争法［M］. 北京：法律出版社，2004.

[19] 王传辉. 反垄断的经济学分析［M］. 北京：中国人民大学出版社，2004.

[20] 毕金平. 诱惑、惩罚与威慑——反垄断法中的宽恕制度研究［M］. 北京：法律出版社，2014.

（二）论文

[21] 金善明. 反垄断法实施的逻辑前提：解释及其反思［J］. 法学评论，2013（5）：16-24.

[22] 李剑，廖红伟. 论反垄断法规则模糊性的原因［J］. 当代法学，2010（5）：118-124.
[23] 郝俊淇，刘维俊. 反垄断指南的功能探讨［J］. 中国价格监管与反垄断，2015（9）：29-32.
[24] 郝俊淇，谭冰玉. 竞争政策视域下反垄断指南的定位研究——兼及竞争主管机构的塑造［J］. 经济体制改革，2017（5）：195-200.
[25] 郑鹏程，刘长云. 我国反垄断相关市场界定执法实践检讨与反思——兼论《关于相关市场界定的指南》的不足与完善［J］. 中南大学学报（社会科学版），2016（5）：46-51.
[26] 王继平，陈甬军. 美国反垄断兼并指南变迁中经济学家的作用及其启示［J］. 产业经济研究，2007（2）：73-78.
[27] 韩伟. 美国《横向合并指南》的最新修订及启示［J］. 现代法学，2011（3）：151-164.
[28] 韩伟. 美国《合并救济指南》的修订及启示［J］. 理论探索，2012（4）：130-134.
[29] 汪先俊. 美国横向《并购指南》的分析与借鉴［J］. 兰州学刊，2008（6）：47-48，61.
[30] 吴汉洪，周德发. 美国最新横向并购指南解析及对中国的启示［J］. 云南财经大学学报，2012（1）：101-107.
[31] 黄勇，蒋涛. 非横向企业合并的反垄断规制——以欧盟《非横向合并指南》为基础展开［J］. 清华法学，2009（2）：147-159.
[32] 叶军. 经营者集中反垄断控制中的资产分持规则研究［J］. 比较法研究，2015（6）：158-173.
[33] 袁日新. 经营者集中救济类型位阶性的理论反思［J］. 法律科学，2016（2）：59-69.
[34] 臧俊恒. 合并救济措施类型化研究［J］. 经济法论丛，2017（1）：175-200.
[35] 袁日新. 美国经营者集中救济制度的嬗变及启示［J］. 理论界，2016（12）：74-83.
[36] 叶军. 经营者集中反垄断审查之皇冠宝石规则研究［J］. 中外法学，2016（4）：1057-1082.
[37] 孙晋. 谦抑理念下互联网服务行业经营者集中救济调适［J］. 中国法学，2018（6）：151-171.
[38] 娄丙录，朱琳. 我国经营者集中附加结构性条件批准法律制度研究［J］. 河南财经政法大学学报，2016（5）：124-131.

[39] 王先林，潘志成. 反垄断法适用于知识产权领域的基本政策主张——日本《知识产权利用的反垄断法指南》介评 [J]. 电子知识产权，2008（1）：36-40.

[40] 王先林. 制定知识产权领域反垄断执法指南的几个问题 [J]. 工商行政管理，2009（17）：34-36.

[41] 王先林. 关于制定我国滥用知识产权反垄断指南的若干思考 [J]. 价格理论与实践，2015（10）：25-29.

[42] 郑鹏程，肖小梅. 论我国反垄断法规制知识产权许可限制的基本立场——兼评《关于知识产权领域反垄断执法的指南》[J]. 河南社会科学，2013（2）：43-46.

[43] 张雨林.《反垄断法》在我国知识产权领域的适用——以《关于滥用知识产权的反垄断指南（征求意见稿）》为视角 [J]. 中国价格监管与反垄断，2018（3）：27-32.

[44] 于连超. 欧盟横向合作协议指南"标准化协议"条款介评 [J]. 标准科学，2012（3）：78-82.

[45] 綦书纬. 完善我国《反垄断法》宽大制度的研究——兼就《横向垄断协议案件宽大制度适用指南（征求意见稿）》提出几点建议 [J]. 价格理论与实践，2016（3）：47-50.

[46] 綦书纬. 中国与南非垄断行为行政罚款指南比较研究 [J]. 价格理论与实践，2016（10）：62-68.

[47] 韩伟. 欧盟滥用市场支配地位反垄断指南析评 [J]. 中国价格监督检查，2013（9）：50-54.

[48] 徐新宇. 起草《纵向价格垄断协议的执法指南》若干问题的思考 [J]. 中国价格监管与反垄断，2018（1）：26-30.

[49] 仲春，邵小龙. 美国司法部与联邦贸易委员会之《针对人力资源专业人士的反垄断指南》介评 [J]. 竞争政策研究，2017（3）：56-69.

[50] 王红霞，臧骞. 美国人力资源市场反垄断及其启示——以美国《2016 人力资源领域反垄断指南》为核心 [J]. 竞争政策研究，2017（5）：122-130.

[51] 卢延纯，苏华. 汽车业反垄断指南起草若干重点问题的思考 [J]. 中国价格监管与反垄断，2016（3）：17-21.

[52] 张波. 日本公平交易委员会 2005 年指南及其对我国的启示 [J]. 电子知识产权，2006（6）：33-36.

[53] 韩亮，徐明妍. 欧盟发布《有关成员国法院评估转嫁给间接购买者的垄断高价的指南》（草案）评析——兼评如何解决间接购买者提起反垄断民事诉讼中的难点问题［J］. 中国市场监管研究，2018（9）：73-76.

[54] 刘旭. 大部制改革背景下反垄断委员会职能完善与反垄断法实施机制改革：欧盟与德国经验之借鉴［J］. 经济法论丛，2013（1）：58-105.

[55] 任爱荣. 国家工商总局反垄断执法工作五年进展及展望［J］. 中国价格监督检查，2013（9）：10-13.

[56] 侯利阳.《反垄断法》不能承受之重——我国反垄断执法五周年回顾与展望［J］. 交大法学，2013（2）：49-67.

[57] 于东华，乔岳，张伟. 横向并购反垄断规制中的安全港规则研究［J］. 产业经济研究，2010（3）：70-76.

[58] 王先林，吴建农. 垄断的一般界定与反垄断法所规制的垄断［J］. 安徽大学学报（哲学社会科学版），2002（1）：92-96.

[59] 孟雁北. 规制与规制的限制：透视中国反垄断法视野中的知识产权许可行为［J］. 中国社会科学院研究生院学报，2012（1）：82-86.

[60] 陈兵. 论《谢尔曼法》域外适用制度及其启示——以美国20世纪70年代成型期案例考察为基础［J］. 江汉论坛，2010（4）：139-144.

[61] 王红梅. 加拿大竞争局的执法方法简介及评价［J］. 河北法学，2003（5）：119-125.

[62] 余东华，刘晓燕. 加拿大并购反垄断审查中的效率因素分析——以Hillsdown Holdings并购案为例［J］. 世界经济研究，2013（2）：68-73.

[63] 李海亮，任进. 论国务院机构及其行政主体资格［J］. 金陵法律评论，2009（春季卷）：8-14.

[64] 王郁生. 关于我国法律解释的若干问题［J］. 中国法学，1990（4）：49-53.

[65] 鲁夫. 行政解释的法律地位与溯及力［J］. 工商行政管理，1997（17）：35-37.

[66] 孙超然. 中国行政解释及其在行政诉讼中的适用［J］. 公法研究，2014（1）：38-82.

[67] 王秋良，刘金妫. 反垄断法宽恕制度实施条件比较［J］. 东方法学，2010（4）：100-107.

[68] 邓峰. 传导、杠杆与中国反垄断法的定位——以可口可乐并购汇源反垄断法审查案为

例［J］. 中国法学，2011（1）：179-190.

［69］时建中. 我国《反垄断法》的特色制度、亮点制度及重大不足［J］. 法学家，2008（1）：14-19.

［70］胡改蓉. 经济发展方式转变背景下经济法的理论创新与制度完善——中国法学会经济法学研究会 2011 年年会综述［J］. 法学，2011（12）：148-156.

［71］张忠钢. 美国反托拉斯企业合并规制制度分析［EB/OL］.（2005-06-08）［2018-12-30］. http://article.chinalawinfo.com/ArticleFullText.aspx?ArticleId=29599.

［72］王先林. 我国反垄断法适用于知识产权领域的再思考［J］. 南京大学学报（哲学・人文科学・社会科学版），2013（1）：34-43，159.

［73］杨解君，张治宇. 迈向"良法"时代的法治中国建设：法律体系的品质提升［J］. 南京社会科学，2015（1）：29-36.

(三) 其他

［74］最高人民法院（2013）民三终字第 4 号民事判决书 .

［75］上海市高级人民法院（2012）沪高民三（知）终字第 63 号民事判决书 .

［76］湖南省高级人民法院（2012）湘高法民三终字第 22 号民事判决书 .

［77］林远. 汽车业《反垄断指南》起草工作启动［N］. 经济参考报. 2015-06-18（3）.

后　记

在智能时代到来之际，学界还在用传统的人工方式进行思考并将思考记录下来，因此我们并不知道这些成果未来价值如何。不过，至少在近期，智能研究还未替代人工学术研究。因此，本书还具有一定的价值。

本书旨在探讨反垄断法实施指南的本质，揭示其产生的内在原因，剖析其法律性质、法律地位、法律效力，并从比较法角度分析美国和欧盟的反垄断法实施指南制度构建规范问题，内容涉及框架体系、建构主体、建构周期、建构程序、相关法律关系处理、结构技术、表达技术和完善技术等，并分析了我国反垄断法实施指南的构建问题，并提出了本书的建议。显然，完成这些思考与分析并不轻松。

从抽象意义上说，反垄断法实施指南既是反垄断法实施体系的重要范畴，也是现代法律体系大厦的一个切面。虽然法律是什么的古老问题难以有统一答案，但在现代社会，成文法和判例法就是法律本体是人们的基本判断。面对成文法和判例法，我们经常无所适从，因为看似清晰的法律规范和语义模糊的法律规范在具体适用时都晦涩难懂。反垄断法就是带有极大不确定性的法律。对此，反垄断法实施指南成了反垄断法实施的关键，其不仅是对反垄断法的详细解释，更是反垄断法实施机关与潜在守法者、违法者、受害人以及其他相关主体的一种法律交流媒介。从这一角度看，反垄断法实施指南的价值显然是积极的。但是，我们不能忽略另一个十分重要的问题，即反垄断法实施指南本身是否是法律？无论答案如何，反垄断法实施指南自身都是一个法律问题。

因此，本书的分析视角也许还有拓展的空间。这样看来，学界及笔者需对反垄断法实施指南类的规范性文件进行进一步的研究，仍需继续“上下而求索”！

值得指出的是，本书成果主要是在本人主持的江苏省社科基金项目“经济发展方式转变与反垄断法实施指南制度研究”的基础上形成的，并融入了教育部人文社会科学研究项目“反垄断法中的经营者集中附条件许可问题研究”后续研究的部分成果。同时，本研究也融入了国家社科基金项目“推进‘互联网+’经济发展的反垄断法保障研究”（16BFX123）和我校批准的中央高校基本科研业务费专项资金资助项目“美国国家安全审查与反垄断法实施研究”（NJ20160071）等课题的部分研究成果。这是由于在开展研究过程中不可避免地将相关研究成果体现出来。因此，特别感谢有关部门的支持。

另外，感谢我的同事聂明岩博士在国外访学期间为我收集部分欧盟的资料，也感谢我指导的硕士生苏小博、徐岳男、王雨卿和许梓茜协助我校对部分章节内容！

最后，感谢我的家人对我永恒的关心和支持！

王炳

2019 年 1 月 15 日